SUR LE

RÔLE SOCIAL DE L'OFFICIER

Faites en 1901

AUX ÉLÈVES DE L'ÉCOLE SPÉCIALE MILITAIRE

PAR LE

Lieutenant-Colonel Ch. EBENER

PROFESSEUR D'ART ET D'HISTOIRE MILITAIRES

9ᵉ ÉDITION

PARIS

HENRI CHARLES-LAVAUZELLE

Éditeur militaire

10, Rue Danton, Boulevard Saint-Germain, 118

(MÊME MAISON A LIMOGES)

CONFÉRENCES

SUR LE

RÔLE SOCIAL DE L'OFFICIER

MINISTÈRE DE LA GUERRE

CONFÉRENCES

SUR LE

RÔLE SOCIAL DE L'OFFICIE

Faites en 1901

AUX ÉLÈVES DE L'ÉCOLE SPÉCIALE MILITAIRE

PAR LE

Lieutenant-Colonel Ch. EBENER

PROFESSEUR D'ART ET D'HISTOIRE MILITAIRES

9ᵉ ÉDITION

PARIS

Henri CHARLES-LAVAUZELLE

Éditeur militaire

10, Rue Danton, Boulevard Saint-Germain, 118

(MÊME MAISON A LIMOGES)

CONFÉRENCES

SUR LE

RÔLE SOCIAL DE L'OFFICIER

Mon Général (1),

Vous avez bien voulu me charger de développer devant ces officiers de demain, élite de la jeunesse française, un programme ministériel concernant le rôle social de l'officier. Je vous remercie de cette marque de confiance. Bien que je ne me dissimule pas les difficultés d'une pareille tâche, j'ai l'espoir de faire pénétrer dans l'esprit et dans le cœur de ces Messieurs cette idée féconde qu'à côté de leurs obligations professionnelles ils ont, en effet, des devoirs à remplir envers la Nation. J'en suis, pour ma part, profondément convaincu, et c'est là l'essentiel, car les croyants seuls, et non les indifférents, peuvent espérer faire triompher ce qu'ils pensent être la vérité.

Messieurs,

« Le rôle social de l'officier », c'est là, sans doute, pour vous, un terme entièrement nouveau et, je le crains, plein d'obscurité. Permettez-moi donc, avant de m'attaquer à mon programme, de vous en indiquer tout d'abord la genèse et le but.

Il y a quelque douze ans, dans un livre d'une haute portée philosophique : *Remarques sur l'Exposition du Centenaire,* et dont nous ne saurions d'ailleurs approuver en bloc toutes

---

(1) M. le général de division Passerieu, commandant l'Ecole spéciale militaire.

les idées, M. le vicomte Melchior de Vogüé, de l'Académie française, écrivait ceci :

« Le service militaire universel jouera un rôle décisif dans
« notre reconstitution sociale. Le legs de la défaite, le lourd
« présent de l'ennemi peut être l'instrument de notre ré-
« demption. Nous ne sentons aujourd'hui que ses charges ;
« j'en attends des bénéfices incalculables : fusion des dissi-
« dences politiques, restauration de l'esprit de sacrifice dans
« les classes aisées, de l'esprit de discipline dans les classes
« populaires, bref, de toutes les vertus qui repoussent toujours
« à l'ombre du drapeau. »

Cette belle et profonde pensée a frappé un des officiers les plus distingués de notre armée ; il l'a commentée de façon magistrale dans une étude que la *Revue des Deux-Mondes* a publiée le 15 mars 1891, sous le titre : « Rôle social de l'officier dans le service universel », et qui a provoqué une grande émotion chez tous ceux qui aiment à la fois leur pays et son armée d'un amour inséparable. Je regrette d'être obligé de respecter l'anonymat qu'a entendu garder l'auteur de ce remarquable et vigoureux écrit ; ces regrets, vous les partagerez, j'en suis certain, lorsque vous aurez pris connaissance de ses conclusions :

« Si l'on nous a compris, nous voudrions, dès maintenant,
« en toutes les circonstances où l'on parle de haut à la jeu-
« nesse assemblée, aux solennités scolaires, dans les institu-
« tions de l'Etat comme dans les établissements libres, re-
« cueillir l'écho de ces idées, entendre proclamer la portée,
« jusqu'ici insuffisamment comprise, du grand fait nouveau
« qui étend son ombre inquiétante sur la jeunesse de vingt
« ans : le service universel.

« Nous voudrions que les voix les plus hautes, à la Sor-
« bonne, à l'Ecole normale, fissent entendre les paroles fé-
« condes qui, se répandant à travers le corps enseignant, jus-
« qu'au plus humble maître d'école, porteraient partout cette
« conviction que l'obligation du service militaire, au lieu de
« se présenter comme un arrêt déplorable dans le dévelop-
« pement commencé, doit devenir le complément salutaire
« de toute éducation.

« En ce temps et en ce pays divisés (1), n'y a-t-il pas là,
« du moins, un vaste terrain où peuvent s'efforcer en com-
« mun, sans acception de confessions religieuses, d'écoles phi-
« losophiques ni de partis politiques, tous ceux qui ont le
« même souci de ses destinées, la même lassitude des for-
« mules, le même sentiment des devoirs sociaux imposés par
« une culture privilégiée ?

---

(1) Remarquez que l'auteur parle en 1891 !

« Nous le croyons fermement. — Puissions-nous faire par-
« tager cette conviction aux lecteurs de cette modeste étude
« qui se ramène, en somme, à quelques traits :

« Le service obligatoire, strictement appliqué, en faisant
« passer toute la nation par les mains de l'officier, a grandi
« dans la mesure la plus large son rôle d'éducateur.

« La préparation du corps d'officiers à ce rôle, sa formation
« morale, intéressent donc la société tout entière.

« Ce corps, par son recrutement, sa culture, est parfaite-
« ment apte à remplir ce rôle.

« Il ne le remplit qu'imparfaitement parce que, s'il y est
« apte, il n'y est nullement préparé, et que l'idée de sa mis-
« sion sociale ne tient presque aucune place, ni dans son édu-
« cation, ni dans l'exercice de sa profession.

« C'est cette idée qu'il est urgent de répandre, et tout d'a-
« bord, chez les guides naturels de la jeunesse, chez tous les
« éducateurs de profession, afin qu'imprégnant fortement les
« générations à venir, ils amènent les jeunes officiers à par-
« ticiper, dans la large mesure qui leur revient, au mouve-
« ment général qui porte la jeunesse éclairée à mieux com-
« prendre le rôle social réservé à son activité dans l'évolution
« de la société moderne.

« Comme une barre à l'embouchure d'un grand fleuve, le
« service militaire se dresse désormais devant toute la jeu-
« nesse à l'entrée de la vie. Sera-t-il un péril où risqueront
« de sombrer son corps, son cœur et son esprit, ou sera-t-il
« l'épreuve fortifiante dont elle sortira mieux trempée ? —
« Toute la question est là. »

Depuis que ces pages ont été écrites, les erreurs de la loi
de recrutement de 1889 — qui avantage si singulièrement les
classes aisées au détriment du paysan et de l'ouvrier — sont
apparues clairement à tous les yeux et donnent lieu à des
récriminations qui mettent en désaccord entre elles les différentes classes de la société ; des événements se sont produits
aussi, sur lesquels il serait douloureux d'insister, mais qui
ont contribué dans une large mesure à rendre plus nécessaire
que jamais cette pacification des esprits par la propagation
des vertus militaires dont parlait jadis M. de Vogüé. Vous
comprenez de suite, Messieurs, combien est devenue plus
grande l'urgence de faire sortir enfin le rôle social de l'officier de la phase spéculative pour le faire entrer dans celle
de l'action énergique.

C'est sans doute ce qu'a pensé le Congrès de l'éducation à
l'Exposition universelle de 1900, puisque les conclusions de
l'auteur de la *Revue des Deux-Mondes* il les a faites siennes,
et que, sur sa demande, le Ministre de la guerre a décidé
qu'il serait fait, dans toutes les écoles militaires, quelques

conférences sur le rôle social de l'officier, suivant un programme uniforme, dont voici le plan, au moins en ce qui concerne les deux premières séances :

I. *Les armées d'autrefois.* — L'armée féodale ; l'armée royale ; l'armée impériale. — Hommage aux vertus de l'ancienne France militaire.

Ce qui, dans le patrimoine légué par elle, doit être précieusement conservé : les traditions d'honneur, de courage, de discipline, d'abnégation. Ce qui doit être exclu : l'esprit de caste. Par quoi il doit être remplacé : l'esprit de solidarité.

II. *L'armée d'aujourd'hui.* — L'armée républicaine. — Exemplaire accompli d'armée républicaine fourni par les armées de la République. — Leur esprit. — Les soldats. — Les chefs. — Comment ils comprenaient et comment ils faisaient la guerre.

Qu'il est faux de prétendre qu'il soit dans l'essence même de l'esprit militaire d'être réfractaire à la loi d'évolution et que cet esprit ne puisse se modifier sans risquer de périr. — Exemple de l'évolution subie au cours des âges par la conception que les militaires se sont faite de la discipline, de l'honneur, du courage, du devoir envers la Patrie. — Nécessité d'une évolution nouvelle de l'idée que les militaires se faisaient naguère encore de la profession des armes.

Le service universel et obligatoire ayant modifié profondément la constitution de l'armée, celle-ci ne peut plus être, comme on l'a dit, une citadelle fermée au sein de la Nation, puisqu'elle est la Nation elle-même, dressée à sa propre défense. De là, nécessité de la disparition de tout vestige d'antinomie entre ces deux termes : l'Armée et la Nation, qu'il est absurde et coupable d'opposer l'une à l'autre.

Comme vous le voyez, il s'agit tout d'abord de déterminer, en manière d'introduction, quelle fut, à travers les âges et aux époques les plus caractéristiques de notre histoire militaire, la condition réciproque de l'officier et du soldat ; quelle idée ils se faisaient, l'un et l'autre, de leurs devoirs communs envers la patrie ; de définir, en un mot, leur rôle social ; de vous montrer aussi, en passant, l'évolution qu'a subie à toute époque, et souvent inconsciemment, l'esprit militaire cherchant à s'adapter aux institutions successives du pays — monarchie absolue, empire, république — et à s'identifier avec le milieu variable dans lequel vivaient les armées.

Ce coup d'œil rétrospectif a été inspiré aussi, semble-t-il, par une pensée noble et généreuse, dont il convient de féliciter M. Georges Duruy, l'auteur du programme sanctionné par M. le Ministre de la guerre. Il a voulu, avec raison, vous rappeler par là que la France militaire ne date pas d'hier, quoi qu'en disent certains énergumènes ; que notre France actuelle doit une grande partie de sa force et de sa grandeur aux officiers et aux soldats de la France de Jeanne d'Arc, de François Ier, de Henri IV, de Louis XIV ; que nous n'avons, en un mot, le droit de renier aucune partie de notre patrimoine de gloire.

Laissant de côté l'armée féodale, sur laquelle on n'est encore que vaguement documenté, et dont les érudits sont seulement en train de compulser les archives, nous allons vous présenter un tableau de l'armée royale. Cette armée eut, sous Louis XIV, sa vie la plus active, sa physionomie la plus caractéristique et même, ne fut modifiée par la suite, comme organisation, que sur des points de détail. C'est donc elle qu'il faut étudier pour se faire une idée de l'esprit qui animait l'armée dans les derniers temps de la monarchie.

L'ARMÉE ROYALE [1]

L'armée royale se composait de trois parties distinctes :

1° *Les troupes réglées*, qui correspondaient à notre armée active ;

2° *Les milices provinciales*, qui répondaient assez exactement à notre armée territoriale ;

3° *Les milices bourgeoises*, sorte de garde nationale dont la fonction était, en cas de guerre, de défendre les villes, et dont une des nombreuses attributions du temps de paix consistait à s'assurer que les cheminées étaient bien ramonées.

En tête des troupes réglées venait *la Maison du Roi*, qui comprenait les gardes-du-corps, les cent-suisses, les gentilshommes à bec de corbin, les gens d'armes, les chevau-légers, les mousquetaires gris et les mousquetaires noirs, les grenadiers à cheval, les gardes-françaises et les gardes suisses.

De sa maison militaire, Louis XIV avait fait une vaste école où il appelait la jeunesse noble, pour la forcer à apprendre à commander, et surtout à obéir. On payait d'ailleurs assez cher le droit de servir, même comme simple soldat, dans ces corps d'élite, aux uniformes splendides, aux privilèges nombreux.

---

(1) En partie d'après les conférences faites à St-Cyr par MM. Lehugeur et Chuquet et d'après l'*Armée française à travers les âges*, par M. Jablonski. Voir aussi *La Vie militaire sous l'ancien régime*, par M. Albert Babeau et l'*Armée royale* en 1789, par M. Albert Duruy.

Le soldat.

Les soldats des troupes réglées autres que la maison du Roi sont, soit des volontaires ou des demi-volontaires, c'est-à-dire des racolés, soit des étrangers.

Les véritables volontaires sont généralement de cette race du paysan français robuste, endurant, qui forme aujourd'hui encore le meilleur de notre armée, et dont vous apprécierez bientôt les belles qualités. A cette époque l'alcoolisme n'avait pas encore exercé ses ravages dans les campagnes, et le soldat de cette catégorie arrivait au corps sain et exempt de tares héréditaires.

Mais les volontaires sont peu nombreux ; la prime d'engagement est dérisoire et la durée en est tout arbitraire. Plus tard, l'ordonnance de 1762 la fixera à huit années ; le soldat qui souscrivait un nouvel engagement et se retirait chez lui au bout de seize années touchait la moitié de sa solde et, tous les huit ans, un uniforme de son régiment ; celui qui ne se retirait du service qu'au bout de vingt-quatre ans avait la solde entière et était habillé tous les six ans. Ces avantages étaient plutôt maigres, car le volontaire ne pouvait jamais espérer passer officier et, même après 24 ans de services, il n'était pas question pour lui d'emploi civil.

Aussi les capitaines, responsables de l'entretien de leurs effectifs, puisque les compagnies leur étaient affermées, étaient-ils obligés d'avoir recours au racolage, c'est-à-dire à l'embauchage dans les cabarets des grandes villes — à Paris sur le quai de la Ferraille, depuis quai de la Mégisserie — des gens sans aveu, des valets sans place, des vagabonds de toutes sortes et souvent même des échappés de prison. Car on engageait sans état civil, sous le nom indiqué par le contractant : La Tulipe, Belle-Humeur, Vide-Bouteilles, Bel-Amour, Sans-Quartier, Dur-à-cuire, etc.

Le racolage donnait ainsi des soldats d'un type très particulier. Ce mode de recrutement était d'ailleurs immoral par lui-même, puisqu'il reposait sur un abus de confiance. Les racoleurs enivraient leurs victimes, leur faisaient des promesses fallacieuses, et leur soutiraient, moitié par force, un engagement contre lequel il n'y avait ensuite guère de recours. En vain avait-on ordonné que l'engagement serait visé dans les vingt-quatre heures par un commissaire des guerres, en présence de l'engagé qui devait renouveler son consentement; mais le conscrit, intimidé par le recruteur et qui avait souvent dépensé une partie de ce qu'il avait reçu, était dans l'impossibilité de revenir sur un premier consentement arraché dans un moment de découragement ou d'ivresse.

Bien curieux, les boniments de ces racoleurs, précurseurs
de nos camelots contemporains : « Mes amis, clamait l'un
« d'eux, l'entrée, le rôti, la salade, voilà l'ordinaire du régi-
« ment. Je ne vous trompe pas ; le pâté et le vin d'Arbois,
« voilà l'extraordinair ! »

« Dans le régiment d La Fère, on danse trois fois par
« semaine ; on y joue au battoirs deux fois et le reste du
« temps est employé aux quilles, aux barres, à faire des ar-
« mes. Les plaisirs y règnent ; tous les soldats ont la haute
« paye, bien récompensés ; des places de gardes d'artillerie,
« d'officiers de fortune à 60 livres par mois d'appointements. »

Voici une autre de ces allocutions de parade ; elle est plus
mirobolante encore, car il s'agit cette fois de recruter pour
les colonies :

« Par l'autorisation de Sa Majesté, je viens ici pour expli-
« quer aux sujets du roi de France les avantages qu'il leur
« fait en les admettant dans ses colonies : Jeunes gens qui
« m'entourez, vous n'êtes pas sans avoir entendu parler du
« pays de Cocagne ; c'est dans l'Inde qu'il faut aller pour
« trouver ce fortuné pays ; c'est là que l'on a tout à gogo.
« Souhaitez-vous de l'or, des perles, des diamants? Les che-
« mins en sont pavés; il n'y a qu'à se baisser pour en prendre,
« et encore, ne vous baissez-vous pas, les sauvages les ramas-
« sent pour vous.

« Je ne vous parle pas du café, des limons, des grenades,
« des oranges, des ananas et de mille fruits délicieux qui
« viennent sans culture, comme dans le paradis terrestre. Si
« je m'adressais à des femmes ou à des enfants, je pourrais
« leur vanter toutes ces friandises ; mais je m'explique devant
« des hommes. Fils de famille, je n'ignore pas les efforts que
« font ordinairement les parents pour détourner les jeunes
« gens de la voie qui doit les conduire à la fortune ; mais soyez
« plus raisonnables que les papas et surtout que les mamans.
« Ne les écoutez pas quand ils vous diront que les sauvages
« mangent les Européens à la croque-au-sel ; tout cela était
« bon du temps de Christophe Colomb et de Robinson. »

Le soldat de l'armée royale, recruté dans ces conditions,
devient le soldat de fortune ou de métier dans toute l'acception du mot ; il a de terribles défauts : il est gouailleur, fan-
faron, ivrogne, débauché, maraudeur, déserteur. Il faut, pour
le tenir, une main de fer.

Mais, en revanche, que de qualités! Écoutez ce portrait
du soldat de 1789 tracé par M. Albert Duruy (1). « Et d'a-
« bord il possède la première de toutes (les qualités) : la

____

(1) *L'Armée royale en 1789*, par Albert Duruy.

« solidité. Il n'est pas seulement brave et capable d'élan, de
« furia francese, plein d'entrain et de bonne humeur, il est
« résistant. On le juge sur Rossbach ; on a tort. Dans les
« dernières campagnes, toutes les fois qu'il n'a pas eu des
« Soubise ou des Clermont à sa tête, il a fort bien fait. En le
« prenant par l'amour-propre ou les sentiments, on le mè-
« nerait au bout de la terre. Répétez-lui sur tous les tons
« qu'il est le premier soldat du monde et vous lui ferez tout
« endurer. Parlez-lui le langage de l'honneur, mettez-y même
« un peu de pompe et de déclamation. Il n'est pas Français
« pour rien : il aime la phrase ; il est sensible aux grands
« mots ; au besoin il en fait. Tel ce grenadier que le duc de
« Luynes aperçoit comme il quittait la tranchée, sans se pres-
« ser devant Philippsbourg, en 1735. « Où vas-tu ? » — « Où
« peut aller un grenadier qui abandonne son poste : *je vais
« mourir !* » Le pauvre diable avait un biscaïen dans le ven-
« tre.

« Autre mérite : ce soldat de métier a l'aptitude et le goût
« du service ; il ne considère pas son temps comme une con-
« damnation qu'il faut purger, et le régiment comme une
« geôle. Il est là comme il serait chez lui — s'il avait un
« chez lui — tranquillement installé dans la monotonie d'une
« existence automatique et réglée. Matériellement, sans être
« bien, il n'a pas trop à se plaindre. Autrefois quand il courait
« le monde à la recherche d'un embauchement, il ne soupait
« pas tous les jours. A présent, il a les vivres, l'habit et le
« coucher..... »

L'officier.

Les officiers de l'armée monarchique étaient, à de rares
exceptions près, fournis par la noblesse qui recevait du roi
la propriété des régiments moyennant une redevance qui s'é-
levait jusqu'à 22.000 livres (110.000 francs d'aujourd'hui).
Les charges des capitaines étaient vénales aussi, et affermées
soit par le roi, soit par les colonels. Le brevet coûtait de 12
à 15.000 livres et jusqu'à 80.000 dans les gardes du corps où
tous les soldats étaient nobles et payaient, eux aussi, le droit
de servir.

Une pareille organisation devait fatalement engendrer les
abus les plus graves : colonels ou capitaines cherchaient trop
souvent à rentrer dans leur argent — aux dépens de l'Etat
au moyen de fraudes dans les effectifs (c'est l'origine des
passe-volants ou hommes de paille) — aux dépens du soldat
par des retranchements illicites, et plus répréhensibles encore,
sur la solde, la nourriture et l'habillement.

Louvois, à son grand honneur, fit le possible pour remédier à cet état de choses. Il ne fit pas disparaître la propriété militaire, car il eût fallu pour cela abolir les privilèges, modifier la base de l'impôt, établir le principe d'égalité entre tous les Français, faire, en un mot, la Révolution. Du moins réussit-il à empêcher la concussion en tarifiant les brevets et en exerçant, par ses commissaires et ses inspecteurs, une surveillance étroite.

Louvois diminua encore les inconvénients de la propriété en créant, entre le grade de capitaine et celui de colonel, ceux intermédiaires de major et de lieutenant-colonel, réservés gratuitement à certains capitaines d'avenir ; de la sorte, les officiers de fortune modeste purent désormais parvenir, une fois leur compagnie achetée, aux grades nouveaux et, par eux, à celui de brigadier, c'est-à-dire de général, également créé en 1668, à leur intention. Martinet, Catinat et Vauban, pour ne citer que ceux-là, furent ainsi promus brigadiers sans avoir jamais été colonels.

Plus tard, en 1781, le maréchal de Ségur supprima radicalement la vénalité, mais, à cette époque, une autre plaie s'était introduite dans l'armée : la multiplicité des emplois. Il y avait trop de grades et, dans chaque grade, trop de gradés. A un moment donné, il y eut 11 maréchaux de France, 196 lieutenants-généraux, 770 maréchaux de camp, 182 brigadiers, 900 colonels, pour une armée d'à peine 140.000 hommes. On comptait jusqu'à 3 officiers subalternes pour 45 hommes ! Il en résulta — le maréchal de Belle-Isle s'en plaint formellement — qu'une foule d'officiers inoccupés n'avaient aucun contact avec le soldat, ni en paix, ni en guerre ; leur rôle social se bornait à donner aux populations l'exemple du luxe et du désœuvrement.

Les officiers subalternes, sous Louis XIV, provenaient, sauf exceptions très rares motivées par des faits de guerre, soit de la maison du Roi (gardes du corps puis mousquetaires), soit des écoles de cadets instituées par Louvois dans les places frontières. En 1693, ces écoles fournirent plus de 2.000 cornettes ou enseignes à l'armée où ils rendirent de très bons services. Malheureusement comme, après la guerre, on licenciait à cette époque la plupart des régiments, on voulut ramener ces jeunes officiers à la condition de cadets. Il en résulta une mutinerie à la suite de laquelle deux d'entre eux furent passés par les armes. L'institution ne survécut d'ailleurs pas à Louvois et, après lui, les cadets furent dispersés dans les compagnies dont chacune en reçut un qui vécut ainsi de la vie du soldat, avec paye de caporal, avant de devenir officier.

Un des grands soucis de Louis XIV fut d'abolir les derniers vestiges de l'esprit féodal, en imposant aux officiers comme aux soldats la discipline et le respect de l'autorité. Il fut, dans cet ordre d'idées, vigoureusement secondé par Louvoi. Une anecdote, racontée par Madame de Sévigné, nous montre ce ministre civil rabrouant un de ses subordonnés qui prétendait n'en faire qu'à sa guise. « M. de Louvois dit l'autre jour à M. de Nogaret : — Monsieur, votre compagnie est en fort mauvais état. — Monsieur, dit-il, je ne le savais pas. — Il faut le savoir, dit M. de Louvois ; l'avez-vous vue ? — Non, Monsieur, dit Nogaret. — Il faudrait l'avoir vue, Monsieur. — Monsieur, j'y donnerai ordre. — Il faudrait l'avoir donné. Il faut prendre parti, Monsieur, ou se déclarer courtisan ou s'acquitter de son devoir quand on est officier. »

Louvois eut fort à faire également pour faire admettre dans l'armée le contrôle, cependant si nécessaire à cette époque, de ses commissaires des guerres, « gens de plume » comme on les appelait dédaigneusement. « Un jour, raconte le général Ambert, le marquis de Mirabeau, alors capitaine, n'arriva devant sa compagnie, pour la revue du commissaire, qu'après l'appel de sa troupe ; il descendit de cheval et vint auprès du major, qui se tenait aux côtés du commissaire : — Monsieur, dit le major à celui-ci, voilà M. de Mirabeau que je vous disais ne pouvoir manquer d'arriver dans la journée. — J'en suis très fâché, dit le commissaire, mais mon devoir est de passer la troupe en revue et de noter ce qui y manque d'hommes ; au moment où la compagnie a été vue, M. de Mirabeau n'y était pas ; je ne puis prendre connaissance d'autre chose. En conséquence, la revue est close pour M. de Mirabeau, et il est passé absent. » Celui-ci laisse le major plaider sa cause et se récrier contre la rigueur du commissaire qui s'écrie : « M. de Mirabeau est absent, je l'ai constaté, il est absent ! » Le jeune capitaine, muet jusqu'alors, dit au commissaire avec le plus grand calme : « Je suis donc absent ? — Oui Monsieur. — En ce cas, Monsieur, ceci se passe en mon absence. » Et, tombant sur le commissaire à grands coups de cravache, devant le régiment, il répète en riant : « Je suis absent. »

L'affaire fit quelque bruit et les commissaires demandèrent un châtiment exemplaire. Louvois pensait comme eux, mais Louis XIV répondit négligemment : « C'est très mal, mais c'est logique ! »

Dans les dernières années de la monarchie, deux mesures furent prises qui contribuèrent à creuser encore le fossé qui séparait le soldat de l'officier. Elles eurent des conséquences incalculables, parce qu'elles étaient diamétralement opposées à l'évolution naturelle qui portait l'armée à s'identifier avec la nation, c'est-à-dire à s'enthousiasmer comme elle pour les idées naissantes d'égalité et de fraternité.

La première de ces mesures fut l'introduction du régime des coups de plat de sabre. La seconde, qui eut pour auteur le maréchal de Ségur, écarta définitivement de l'épaulette tout sous-officier, quel que fût d'ailleurs son mérite, qui ne pourrait faire preuve devant Chérin, le généalogiste de la cour, de quatre quartiers de noblesse. C'était, à la veille de la Révolution, fermer tout avenir à ces serviteurs dévoués, à ces militaires de grande valeur qui porteront si haut, quelques années plus tard, le renom des armes françaises; c'était en faire de chauds partisans des idées d'émancipation qui commençaient à se faire jour dans le Tiers-État.

Louis XVI, en signant cette ordonnance, avait oublié les principes qui avaient fait la force et la grandeur de ses ancêtres. « Il aurait dû se rappeler que l'ancienne noblesse tirait précisément ses privilèges de la profession des armes, comme de nos jours encore la noblesse prussienne. Louis XV était plus sage lorsqu'en 1750 il confirmait les ordonnances de ses prédécesseurs conférant la noblesse aux officiers, à partir du grade de capitaine, et allait même plus loin, en déclarant qu'elle leur serait désormais acquise de plein droit (1). »

Dans le préambule de son édit, il s'exprimait ainsi : « La « noblesse la plus ancienne de nos États, qui doit sa première « origine à la gloire des armes, verra sans doute avec plaisir « que nous regardons la communication de ses privilèges « comme le prix le plus flatteur que puissent obtenir ceux « qui ont marché sur ses traces pendant la guerre. Déjà « anoblis par leurs actions, ils ont le mérite de la noblesse « s'ils n'en ont pas encore le titre, et nous nous portons d'au- « tant plus volontiers à le leur accorder que nous suppléerons « par ce moyen à ce qui pouvait manquer à la perfection des « lois précédentes, en établissant dans notre royaume une « noblesse militaire qui puisse s'acquérir de droit par les « armes, sans lettres particulières d'anoblissement. »

CONCLUSION

Il semble, à première vue, que cette armée de la monarchie, composée d'éléments si opposés, où les officiers formaient une caste rigoureusement fermée et entichée de ses privilèges, où les soldats sortaient au contraire des couches les plus basses de la société, ait dû former un tout singulièrement disparate. Il n'en est rien ; on y trouve l'unité morale.

(1) Boutaric, *Institutions militaires de la France.*

Cette armée avait une âme, un idéal. Où le puisait-elle? dans la religion de l'honneur, dans la fidélité absolue au Roi, dans un profond sentiment du devoir, dans l'émulation du courage. Cette armée avait élevé jusqu'à la perfection l'art de tuer et de mourir avec élégance.

C'est qu'à côté de ses défauts — la morgue, la concussion pratiquée pour ainsi dire inconsciêmment — l'officier de l'ancien régime, par tempérament, par tradition de famille, était guerrier dans l'âme, et cela dès la plus tendre enfance. Il ne faisait que suivre l'exemple de Bayard, du Béarnais, de Boufflers, qui avaient accompli leurs premières prouesses à 14, 15 ou 16 ans. Il prodiguait avec le plus touchant dévouement son sang sur tous les champs de bataille, si bien que dans une seule famille on a pu compter jusqu'à treize frères tués dans le service. A côté de quelques-uns trop préoccupés de rentrer dans les sommes considérables déboursées pour leurs charges, combien d'autres, restés, faute de ressources, obscurs lieutenants, cornettes ou enseignes, s'en allaient en retraite, ayant à peine de quoi vivre, mais fiers de leur croix de Saint-Louis, récompense de je ne sais combien de blessures. Combien d'autres sont morts bravement en arrachant à l'ennemi les 1.600 drapeaux qui ont fait, pendant de longues années, à Notre-Dame et aux Invalides, la plus merveilleuse des tapisseries ! Qu'on ne dise donc plus que la noblesse française était tout entière dans les antichambres du château de Versailles, car trop de morts, tombés glorieusement depuis Rocroi jusqu'à Denain, se lèveraient des sillons où ils dorment, ensevelis dans leurs dentelles, pour nous donner un sanglant démenti !

Ces brillantes qualités de bravoure et de dévouement, le soldat les partageait, gagné par l'exemple. Mais là s'arrêtait le rôle social de l'officier : son action moralisatrice paraît avoir été nulle, si tant est qu'il en ait eu seulement souci. Bel-Amour, son service terminé, redevenait une épave dans la plus basse classe du peuple, d'où il était sorti, et où il rapportait quelques vices de plus, qu'il propageait autour de lui.

Et cependant, il y eût eu moyen de faire quelque chose de ces anciens soldats, des hommes utiles par exemple. Ils étaient remplis de bonne volonté. Je n'en veux pour preuve que l'exemple du régiment de Carignan qui, licencié au Canada, fournit 800 volontaires qui restèrent dans le pays pour coloniser. Le roi de France, enchanté d'être débarrassé d'autant de futurs vagabonds, leur fit expédier par Colbert 800 jeunes orphelines ou servantes accortes et de constitution robuste. Neuf mois après, le gouverneur annonçait triomphalement

que le Canada comptait 820 colons de plus. — Il y avait eu
des jumeaux !

Même indifférence de l'officier vis-à-vis du bas-officier qui
était cependant la cheville ouvrière des régiments. Les mémoires du temps, d'une prolixité si complaisante pour les
chefs, en parlent à peine ; l'héroïsme du sergent Lafleur ne
nous est connu que par la correspondance de Chamilly et
de Louvois. Et cependant, quelles ressources dans cette foule
de serviteurs modèles, d'où émergeront, quelques années
plus tard, tant de généraux illustres, justifiant ainsi le mot
de Turgot : « Qu'on nomme officiers ces hommes précieux,
et l'on verra ce qu'ils deviendront ! »

L'ARMÉE IMPÉRIALE [1]

A l'armée de la monarchie succède celle de la République,
à l'origine armée de délivrance, de croisade, d'affranchisse-
ment, qui a son apogée en 1794 et en 1795, puis armée de
conquête fiscale et d'asservissement. Dès lors elle devient un
anachronisme et l'armée du Consulat en sort, comme le Consulat lui-même était sorti de la République. A cette armée
— républicaine seulement de nom — succède enfin la Grande
Armée, qui va nous donner la caractéristique de l'armée impériale.

Aussitôt après le 18 Brumaire, Bonaparte s'occupe de transformer l'armée, de créer l'outil dont il a besoin pour la
réalisation de ses ambitions. Pour satisfaire la bourgeoisie,
il commence par vicier l'institution de la conscription en
établissant le remplacement qui permet aux classes aisées
de se dérober au service. Il viole ainsi le principe le plus
essentiel posé par la Révolution : l'égalité de tous les citoyens devant la loi. Puis il est amené progressivement à
faire de la conscription elle-même un effroyable abus, qui
a toutefois pour résultat de rajeunir constamment l'armée
par l'afflux d'éléments nouveaux, tirés surtout — par l'effet
du remplacement — des classes populaires de la nation.

Pour le recrutement des officiers c'est un système inverse :
Bonaparte, dans une pensée d'apaisement et de réconcilia-
tion qui lui fait honneur, ouvre toute grande, aux fils d'émi-

---

(1) En partie d'après les conférences faites à St-Cyr par M. le comte Vandal,
de l'Académie française.

grés, la porte de la carrière des armes. Il les y pousse même de force, mais il a le tort de renier bientôt les principes généreux qui l'avaient guidé au début, en ce qu'il élimine parallèlement les éléments suspects de fidélité aux idées républicaines : les soldats et les officiers de l'armée d'Allemagne, qui ont conservé le souvenir de Jourdan, de Marceau, de Hoche et de Kléber, sont expédiés en 1804 à Saint-Domingue où le climat meurtrier en a bientôt raison. Pendant ce temps le ministre de la police est chargé de dresser, par département, une liste de 10 familles « anciennes et riches » — de 50 pour Paris — dont les fils entrent d'office à Saint-Cyr ! En même temps qu'il revient ainsi, pour le recrutement des grades inférieurs, aux erreurs de l'ancien régime et qu'il rétablit la vénalité sous une forme déguisée, Napoléon fait de ses anciens compagnons d'armes, ses leudes, des barons, des comtes, des ducs, des princes, voire même des rois.

Mais ce n'est pas là ce qui compromettra la solidité de la puissante machine militaire qu'il a rêvée, car « dans le fait de l'élévation extraordinaire de quelques-uns, qu'il sait partis de très bas, le soldat de la Grande Armée ne veut voir que la glorification, l'apothéose du principe de l'égalité dans le point de départ » ; il se figure naïvement que, suivant le mot d'Oudinot, chacun continue à porter dans sa giberne un bâton de maréchal, et ne s'aperçoit pas que des hommes de la valeur de Curély — pour ne citer que celui-là — restent en route et ne reçoivent, couverts de blessures, que la croix de chevalier de la Légion d'honneur. Non, ce qui perdra les caractères, c'est l'argent dont l'Empereur gavera ses fidèles.

Quel fut, au juste, l'esprit de la Grande Armée? Ce qui y frappe tout d'abord, c'est l'exaspération du sentiment de l'honneur et de toutes les passions qui s'y rattachent : l'émulation effrénée, la fureur de se distinguer, de briller, de primer les autres, un pur ravissement de fierté individuelle et d'orgueil national. Pour le soldat, la France est une nation prédestinée à commander aux autres : c'est la grande nation; servir et surtout commander dans la Grande Armée est considéré par lui comme le plus beau et le plus enviable des sorts. Il résulte de cet état d'esprit un fait absolument anormal : tandis que les chefs, gorgés de richesses et pressés de jouir des avantages acquis, ne se prêtent plus qu'en rechignant à la poursuite des vastes ambitions de leur bienfaiteur, le soldat a, lui, un idéal purement immatériel : pour cueillir quelques lauriers de plus, il suivrait Napoléon au bout du monde.

Des bords de la Vistule, un jeune soldat, simple fusilier au 6ᵉ régiment de la garde (4ᵉ du 1ᵉʳ) écrit à ses parents dans

son style rustique : « Nous entrerons d'abord en Russie où
« nous devons nous taper un peu pour avoir le passage pour
« aller plus avant. L'Empereur doit y être arrivé en Russie
« pour lui déclarer la guerre, à ce petit empereur ; oh ! nous
« l'aurons bientôt arrangé à la sauce blanche ! Ah ! mon père,
« il y a une fameuse préparation de guerre ; nos anciens sol-
« dats disent qu'ils n'en ont jamais vu une pareille ; c'est
« bien la vérité, car on y conduit des vivres et de grandes
« forces, mais nous ne savons pas si c'est pour la Russie. L'un
« dit que c'est pour aller aux Grandes-Indes, l'autre dit que
« c'est pour aller en *Egippe*, on ne sait pas lequel croire. Pour
« moi, cela m'est bien égal, je voudrais qui nous irions à la
« fin du monde. »

Ce qui caractérise encore l'armée impériale, c'est l'amour
de l'uniforme et du plumet, la passion de tout ce qui brille
et reluit, et aussi *la belle humeur* qui a été, d'ailleurs, à
toutes les époques, avec la bravoure, la qualité dominante du
soldat français.

Le matin de Raucoux, pendant une dernière reconnaissance
qu'avait ordonnée le maréchal de Saxe, l'armée ayant fait
halte, les soldats, raconte le prince de Montbarey, dans ses
mémoires, se mirent à danser avec les femmes du pays qui
étaient venues leur apporter des provisions.

Cent vingt-quatre ans plus tard, en 1870, en arrivant à Re-
milly, les troupes du 1er corps, qui, depuis moins d'un mois,
avaient subi Wissembourg, Frœschwiller et la marche dé-
primante de Châlons à la Meuse, improvisèrent, eux aussi,
dans les prairies situées en face de Bazeilles, un bal en l'honneur du beau sexe des villages voisins.

Sous Turenne déjà, en Alsace, le soldat avait apporté en
campagne cette note d'insouciance et de joyeuse humeur :
« Les soldats français, raconte L'Hermine (1) — un reporter
« de l'époque — ne s'arrêtaient guère à la maison, malgré la
« rigueur de l'hiver ; ou, s'ils y demeuraient, ils ouvraient
« toutes les fenêtres, ce qui désespérait leurs hôtes. La plus
« grande partie de la journée on les voyait attroupés au mi-
« lieu des rues, à rire ensemble ou à conter des nouvelles.
« Quelques-uns montaient au jubé de l'église, où ils se di-
« vertissaient à toucher l'orgue et à faire des concerts mal ac-
« cordés qui se terminaient toujours par la rupture de quel-
« ques pièces ou de quelque tuyau qu'ils emportaient pour en
« faire des balles de pistolet. »

En même temps que la gaîté on se transmet, dans la race
française, l'héroïsme. Je vous ai cité, à titre d'exemple, la

____

(1) Cité par M. Lehugeur, conférence faite à St-Cyr en 1899-1900.

fière réponse de ce grenadier de l'armée royale qui avait reçu
un biscaïen dans le ventre, devant Philippsbourg. Le 14 juin
1807, à Friedland, un de ses descendants de l'armée impériale se comporte de façon non moins stoïque. Ecoutez ce récit
de Girod de l'Ain (1) : « Le 1ᵉʳ bataillon, dont je faisais
« partie, était toujours resté en position près de la batterie
« qu'il protégeait, se contentant de suivre ses mouvements
« quand elle se portait en avant ; nous souffrîmes peu de la
« mousqueterie, mais le boulet nous enlevait parfois des files
« entières. Il y avait dans nos rangs bon nombre de conscrits
« qui voyaient le feu pour la première fois ; on admira leur
« bonne contenance ; j'en vis un, entre autres qui, assis par
« terre au milieu de notre carré, mangeait tranquillement un
« morceau de pain ; je m'approchai de lui pour lui ordonner
« de se lever et de rejoindre son rang ; pour toute réponse il
« souleva le coin de sa capote et me montra une de ses jambes
« à moitié emportée par un boulet de canon ; puis sans pro-
« férer une parole, et sans que je remarquasse sur sa figure
« la moindre altération, il continua à manger son pain. Le
« soldat qui montrait tant de fermeté n'avait pas encore de
« barbe au menton. »

Vous connaissez la gloire immortelle que l'armée impériale a procurée à nos armes ; ses hauts faits, gravés dans le
bronze et dans le marbre, place Vendôme et au rond-point
de l'Etoile, sont trop présents à votre mémoire pour qu'il soit
nécessaire d'y insister. Ce qui est plus délicat à déterminer, et
ce qui intéresse plus immédiatement le but de cette étude,
c'est l'influence réciproque de l'armée impériale et de la
nation l'une sur l'autre, ce sont les liens par lesquels l'armée
tenait à la patrie ; c'est, en un mot, le rôle social rempli par
ses officiers et par ses soldats.

On a calculé que 3.153.000 Français ont été appelés au
service pendant le règne de Napoléon, sans compter les in-
nombrables contingents alliés qui furent successivement in-
corporés, au point de faire de l'armée française une immense
Babel. Le renouvellement continuel des effectifs, assuré principalement par les couches populaires de la nation, eut pour
effet de communiquer à ces dernières l'esprit guerrier et le
sentiment exaspéré de chauvinisme qui animait le soldat.
Les classes élevées s'étaient depuis longtemps détachées de
l'Empereur, alors que, chez le paysan et chez l'ouvrier, la
lassitude ne se manifestait encore que par le nombre crois-
sant des réfractaires ; il fallut l'entêtement de Napoléon pour
amener un désaccord entre l'esprit de l'armée et celui de la
France. En 1812 et en 1813, les symptômes de l'indifférence

____

(1) Cité par M. le comte Vandal, conférence faite à St-Cyr en 1899-1900.

qui avait fini par gagner le peuple lui-même commencèrent
à se révéler. En 1814, ce n'est plus pour l'Empereur qu'il se
lève ; la guerre redevient nationale, comme elle l'avait été
en 1792, comme elle le sera encore en 1870, après la défaite
de l'armée impériale. A Fère-Champenoise, comme jadis à
Valmy, comme plus tard sur la Loire, sur la Somme et sous
Paris, l'armée et la nation, représentée par ses gardes nationaux, se sentent fraternellement les coudes et communient
dans un même sentiment : la haine de l'envahisseur et l'amour
profond, non plus d'un homme, mais de la Patrie. Et c'est
ainsi que, revenant à notre point de départ, nous pouvons
conclure que les vertus qui poussent à l'ombre du drapeau
ne se perdent jamais entièrement et se retrouvent à un moment donné dans la nation où elles se sont répandues, par le
fait du renouvellement incessant de l'armée. C'est là son
rôle social.

Avant de quitter l'armée impériale, il nous faut examiner
quelle idée elle se faisait de la discipline, car c'est là un des
points sur lesquels on peut le mieux juger et comparer les
grandes réunions d'hommes.

Le soldat, qui a, d'ailleurs, vis-à-vis de ses chefs un franc-
parler auquel nous ne sommes plus habitués, est entièrement
dans leur main le jour du combat ; en marche et au cantonnement, il se livre volontiers à la maraude, mais seulement
lorsque sa subsistance n'est pas assurée par le commandement. Malgré les efforts de Napoléon, cela arrive fréquem-
ment ; la manière de faire la guerre qu'il a inaugurée le veut
ainsi.

Mais ici nous retrouvons le fait anormal que nous avons
déjà signalé : le soldat se tient mieux que ses chefs ; tandis
qu'il reste relativement obéissant et discipliné, le haut commandement donne l'exemple d'un laisser-aller qui touche au
scandale : « Les querelles des maréchaux, dit le général Thou-
« mas (1), dépassèrent tout ce qu'on peut imaginer, et l'on
« serait tenté de se demander comment Napoléon ne les a
« pas réprimées, si l'on ne connaissait la maxime *de diviser*
« *pour régner*. Celles de Soult et de Ney en Espagne, de Mas-
« séna et de Ney en Portugal, ou plutôt l'incroyable attitude
« de Ney vis-à-vis de Masséna, son général en chef, les alter-
« cations passionnées de Davout et de Murat dans la marche
« sur Moscou, furent les manifestations les plus éclatantes
« de cette discorde qui fit tant de mal à nos armées. Quant
« aux haines sourdes, produit du ressentiment et de la jalou-
« sie qui couvaient sous des apparences à peine courtoises,

---

(1) *Les Transformations de l'Armée française.*

« elles existaient entre tous, peut-être. L'antipathie de Ber-
« nadotte à l'égard de Davout faillit changer la double vic-
« toire d'Iéna et d'Auerstaëdt en un désastre ; Berthier ne
« pardonna jamais à Davout d'avoir fait ressortir, au début
« de la campagne de 1809, l'incapacité du major général, et
« rien n'égale, dans ce genre, la lettre écrite à l'Empereur,
« par Marmont, après la bataille de Leipsick, où il était placé
« sous les ordres de Ney : — Sire, après l'humiliation et le
« danger plus grand encore, d'être sous les ordres d'un homme
« tel que le prince de la Moskowa..... »

Déjà, pendant la période où la Grande armée était à son
apogée, les chefs avaient donné de ces exemples d'indiscipline : le 30 décembre 1806, Lasalle est promu au commandement de la division de cavalerie légère de la réserve, comprenant les brigades Latour-Maubourg, Bruyère et Wattier.
Le 2 janvier, le général Wattier écrit à Lasalle : « Je vois,
« Monsieur le Général, que, n'ayant pas eu l'honneur de faire
« la guerre avec vous, nous vous sommes complètement étran-
« gers. Qu'est devenu le temps où je recevais directement les
« ordres du prince Murat ? »

L'ARMÉE DE LA RÉPUBLIQUE [1]

Si l'on veut se rendre compte de la condition réciproque
que les officiers et les soldats doivent occuper dans l'armée
d'aujourd'hui de leurs devoirs communs envers la Patrie et
du rôle social qui incombe plus spécialement aux chefs, il
n'y a qu'à se reporter aux armées de la première République.
Elles nous fournissent un exemplaire accompli d'armée républicaine. Toutefois, il est indispensable de préciser le moment à partir duquel, dégagées des violences et de certaines
erreurs de la Révolution, elles sont réellement devenues le
modèle le plus pur de toutes les vertus militaires et civiques.
C'est dans les années 1794, 1795 et 1796 que nous pouvons
les étudier et les admirer sans restrictions ni réserves.

Au début, une erreur funeste empêcha pendant longtemps
l'armée républicaine d'atteindre son idéal ; ce fut la confusion
qui s'établit entre ces deux termes : liberté et anarchie. De
là les insurrections militaires comme celle de Nancy, d'abord
réprimée, puis glorifiée sous la pression d'une populace en
délire ; de là, dans les corps de troupe et surtout dans les ba-

---

[1] En partie d'après les conférences faites à St-Cyr par M. A. Sorel, de
l'Académie française, et par M. Chuquet, professeur à la Sorbonne.

taillons de volontaires, le régime des clubs et de la délation, qui amène la lâcheté devant l'ennemi, la désertion en masse et met la France à deux doigts de sa perte. « L'armée, dit le « ministre Narbonne à l'Assemblée, livrée à mille sugges- « tions diverses, privée de chefs expérimentés, d'officiers « qu'elle connaisse, a échangé l'école des camps contre celle « des clubs, où chacun est ministre d'État, où commande « qui veut. » Puis ce furent les municipalités qui s'arrogèrent le droit d'intervenir dans la discipline intérieure des corps et provoquèrent des scandales comme ceux de Lyon et de Béthune, ou des crimes comme celui de Valence, où un co- lonel d'artillerie fut assassiné pour avoir puni un soldat de prison.

L'excès du mal produisit heureusement une réaction salu- taire et la Convention comprit enfin que l'obéissance et la discipline sont nécessaires aux armées plus encore qu'à l'in- térieur. À une situation désespérée, il fallait des remèdes héroïques : les représentants du peuple, armés de terribles pouvoirs, n'hésitèrent pas à s'en servir et à prendre devant l'histoire la responsabilité d'exemples devenus indispensables; les fauteurs d'indiscipline furent fusillés, les soldats marau- deurs décimés, emprisonnés ou chassés de l'armée, où affluè- rent en revanche, en grand nombre, les citoyens persécutés et dénoncés à l'intérieur. Les généraux, encouragés par l'exem- ple, usèrent, eux aussi, de sévérité, de sorte que bientôt tout rentra dans l'ordre : « Les soldats eurent confiance ; les offi- « ciers comprirent leurs devoirs. Tous les ressorts longtemps « relâchés se tendirent ; la machine, comme disait Hoche, se « monta, et, en un instant, sous une main puissante, elle « marcha (1). »

Pendant la campagne de 1794, Saint-Just et Lebas faisaient fusiller des volontaires pour avoir pris des œufs dans la cour d'un fermier brabançon. Un an après, on vit, à l'armée des Pyrénées-Orientales, la colonne infernale de La Tour d'Au- vergne camper dans les vergers plantés de cerisiers et de grenadiers, comme autrefois les soldats de Rochambeau, en Amérique, ne pas oser cueillir les fruits qui pendaient sur leurs tentes. Aussi, le maréchal Soult a-t-il pu dire de l'ar- mée républicaine de 1794 : « Jamais les armées n'ont été plus « obéissantes et animées de plus d'ardeur ; c'est l'époque des « guerres où il y a eu le plus de vertu dans les troupes. » Et cependant les causes de démoralisation étaient nombreuses encore : un humble, le sergent Fricasse (2), nous les fait toucher du doigt :

---

(1) Rousselin. Tome II.
(2) Fricasse, printemps de 1795. Cité par M. A. Sorel

« Le tout, dit-il dans son journal, venait de la part des
« ennemis de la liberté, qui cherchaient à mettre le désordre
« parmi nos troupes, en faisant naître l'idée que le droit de
« la guerre était de piller tout pays conquis.

« Mais le Français a su se comporter plus vaillamment, car
« *c'est la discipline qui a fait tous nos succès et qui a excité*
« *l'admiration de toute l'Europe.* Voilà pourquoi les ennemis
« de la République voulaient nous entraîner au pillage ; les
« perfides savaient bien qu'une armée sans discipline est une
« armée vaincue ; ils savaient par eux-mêmes que les bri-
« gands ne sont jamais qu'une troupe de lâches.

« Nous avons démenti cette calomnie par notre conduite ;
« l'amour de l'ordre et de la discipline, le respect pour les
« personnes et les propriétés distingueront toujours l'armée
« de Sambre-et-Meuse. »

En Alsace, la tentation était beaucoup plus forte : ce
malheureux pays était, en 1793, livré à l'anarchie la plus
complète ; les partisans de Wurmser et des émigrés avaient
des intelligences dans toutes les communes et travaillaient
avec zèle à détourner les soldats de leurs devoirs. A Hague-
nau et surtout à Strasbourg, il s'était formé dans ce but de
véritables associations. Seule la municipalité de Wissembourg, profondément dévouée à la République, seconda les
efforts de nos généraux et de nos représentants pour lutter
contre l'influence étrangère.

La conduite des soldats de la République est d'autant plus
remarquable qu'ils manquaient littéralement de tout, sauf
d'honneur et d'esprit militaire ; plus tard, ceux de l'Empire,
chaque fois qu'ils se trouveront dans une situation infiniment
moins précaire, se livreront sur une grande échelle à la maraude et au pillage, à tel point qu'en 1812, Napoléon s'avouera
impuissant, bien avant Moscou : « Grenadiers, s'écriera-t-il,
« ce n'est pas aux lois militaires que je m'adresserai pour
« arrêter ce désordre, mais à vous seuls ! Faites-vous justice
« entre vous tous ! C'est à votre honneur que je confie votre
« discipline (1). »

Et cependant leur dénûment était loin d'être pareil à
celui de ces volontaires qu'un vieux soldat du ci-devant régiment de Bassigny nous décrit ainsi au siège de Mayence :

« Singulier aspect que celui de ces volontaires qui entraient
« pour la moitié dans la composition de nos compagnies, et
« faisaient tache avec leurs équipements bizarres, au milieu
« de nos habits blancs rapiécés, mais auxquels chacun avait
« tenu à donner un air de fête pour marcher à l'ennemi.

« Les uns, coiffés d'un tricorne roussi, d'où pendait une

---

(1) D'Azémar, « De la Discipline » (*Spectateur militaire*, 1886).

« crinière chauve, les autres avec un mouchoir enroulé autour
« du front, guêtrés, leurs culottes jaunies ou des pantalons
« rayés frangés au bas et troués aux genoux ; plusieurs avec
« un casque de rencontre, revêtus encore de la carmagnole ;
» la plupart sordides, couverts de la poussière de la route
« ou de la boue du campement, bronzés, noircis, mais *un
« rayonnement dans le regard!*

« *Habits blancs comme habits bleus ont comme un rayon
« de gloire au bout de leur baïonnette.* »

Et ce n'était pas là un état d'esprit passager :

« Amsterdam, rapporte Jomini, vit avec une juste admi-
« ration dix bataillons de ces braves, sans souliers, sans bas,
« privés même des vêtements les plus indispensables, et forcés
« de couvrir leur nudité avec des tresses de paille, entrer triom-
« phants dans ses murs, au son d'une musique guerrière, pla-
« cer leurs armes en faisceau et bivouaquer pendant plusieurs
« heures sur la place publique, au milieu de la neige et de
« la glace, attendant avec résignation et sans un murmure
« qu'on pourvût à leurs besoins et à leur casernement. »

Ecoutez encore Fricasse nous dépeignant la situation au
printemps de 1795 :

« La misère augmentait tous les jours pour les défenseurs
« de la Patrie. Nous avons été réduits à douze onces de pain
« par jour et bien des fois on ne pouvait pas en avoir. Il fal-
« lait cependant faire son service, bivouaquer et monter la
« garde très souvent. Mais le printemps nous produisait des
« plantes pour un peu nous soutenir, qui étaient des feuilles
« de pois sortant à peine de terre, des coquelicots ou feuilles
« d'enfer, du sarrazin, du pissenlit. Avec tous ces herbages,
« nous en faisions une farce, que nous mangions en guise de
« pain, et lorsque le seigle est venu en grains, on allait lui
« couper la tête et on le faisait griller sur le feu. Les pom-
« mes, à peine défleuries, nous servaient aussi de nourriture.
« C'était vraiment une grande misère..........
« Entrés dans la ville de Coblentz, à 8 heures du matin.
« Nous avons été logés dans des maisons d'émigrés toutes dé-
« vastées, et à peine avions-nous de la paille pour reposer nos
« pauvres membres navrés de fatigue, avec notre livre de pain
« et notre once de riz. Bien des fois on ne pouvait pas avoir de
« pain et très peu de viande, bien maigre ; nous ne pouvions
« trouver aucune chose pour notre papier, car personne ne
« s'en souciait, et pour un pain de trois livres il fallait donner
« vingt-cinq francs en assignats. »

Où ces soldats de la République puisaient-ils la force d'âme
nécessaire pour supporter vaillamment de pareilles misères,

un aussi complet dénûment auquel, à aucune autre époque
de l'histoire, les liens de la discipline n'ont résisté? D'abord,
dans un sentiment profond de patriotisme, dans un juste orgueil d'une gloire sans tache, dans l'enthousiasme procuré
par l'idée qu'ils faisaient une guerre de liberté, de délivrance,
de croisade.

Ils sont, de fait, reçus en amis et en sauveurs par la population de l'Allemagne : « Les Français, dit Gœthe, arri-
« vèrent, mais ils semblaient n'apporter que l'amitié. Et ils
« l'apportaient, en effet, car ils avaient tous l'âme exaltée.
« Ils plantaient avec allégresse les joyeux arbres de liberté,
« promettaient à chacun son droit, à chacun son gouverne-
« ment national. Les jeunes gens, les vieillards se félicitaient,
« et les danses joyeuses commencèrent autour des nouveaux
« étendards..... Il est beau, le temps où, avec son amante, le
« fiancé prend l'essor à la danse, en attendant le jour de
« l'union souhaitée ; mais il était plus magnifique le temps
« où le premier des biens que l'homme puisse rêver nous sem-
« ble proche et accessible : la liberté! Toutes les langues
« étaient déliées : vieillards, hommes faits, jeunes gens, ex-
« primaient hautement des pensées et des sentiments subli-
« mes. »

Tous ces volontaires n'avaient qu'une seule ambition : mériter d'être proclamés les sauveurs de la patrie, les fondateurs
de la République, les régénérateurs de l'univers. C'était là
une rêverie si l'on veut, mais une rêverie sublime, bien faite
pour exalter les âmes et pour donner à la guerre une allure
caractéristique qu'elle n'a plus eue depuis, à aucune époque.
Les témoignages abondent à cet égard :

« Le mot de Patrie, dit Lavalette dans ses mémoires, me
« faisait battre le cœur ; toutes les idées qui m'avaient tour-
« menté à Paris s'étaient effacées, le bonheur de combattre
« pour ma patrie animait toutes mes pensées et ces impres-
« sions profondes étaient partagées par tous les Français. »

Gouvion Saint-Cyr, esprit éminemment critique, sceptique
même, n'est pas moins affirmatif, mais c'est Stendhal qui
nous donne la note la plus exacte : « Notre sentiment inté-
« rieur et sérieux, dit-il, était tout entier renfermé dans cette
« idée : être utile à la patrie. Tout le reste, l'habit, la nour-
« riture, l'avancement était, à nos yeux, un misérable détail
« éphémère. Nos seules réunions étaient des fêtes, des céré-
« monies touchantes, qui nourrissaient en nous l'amour de
« la patrie. Dans la rue nos yeux se remplissaient de larmes
« en rencontrant une inscription en l'honneur du jeune tam-
« bour Bara. Ce sentiment était notre religion. »

Ecoutez cette anecdote de la plus dure des années de guerre,
1794, et de la plus dure des guerres, la guerre civile.

« Muscar, engagé en 1774, caporal au bout de sept ans, ser-
« gent-major en 1791, lieutenant à Valmy, adjudant à l'état-
« major, 1793.

« La troupe manque de tout. Muscar va à Nantes réclamer
« des vivres et des munitions. Il revient sans charrettes de
« vivres ni caissons de cartouches. La sédition qui couvait
« éclate. Muscar commande de présenter les armes, le genou
« en terre, et, d'une voix forte, lit un décret qu'il rapportait
« de Nantes..... en guise de vivres : — La Convention dé-
« crète que le 8e bataillon du Bas-Rhin a bien mérité de la
« patrie. — A ces mots les cris de *Vive la République!*
« se firent entendre ; l'enthousiasme éclata de toutes parts.
« Les soldats se relevèrent, se jetèrent dans les bras les uns
« des autres, et on jura de nouveau de mourir pour la Patrie.
« Puis le bataillon se reforma et rentra au poste (1). »

Ces volontaires sont comme transportés de leur mission :
« On recevait des boulets, a dit Davout (2), par les cris de
« Vive la nation! vivent la liberté et l'égalité! »

Et Marmont (3) : « Je me trouvais comme transporté dans
« une atmosphère lumineuse. J'en ressens encore la chaleur et
« la puissance à 55 ans comme au premier jour. »

Ce qui frappe dans tous ces témoignages, c'est la *sincérité
des sentiments, le désintéressement absolu* de tous, des généraux, des officiers et des soldats. Tout, d'ailleurs, est sincère
chez eux, même les erreurs et les pires excès. Comment s'étonner dès lors que de tels hommes aient eu raison des meilleures troupes de l'Europe? Tous ont, comme le disait le
soldat de Bassigny « un rayon de gloire au bout de leur
baïonnette ». Ils se lancent à l'assaut au cri de « Landau ou
la mort! », « Barère à la tribune ». — C'était Barère qui
lisait, à la Convention, les bulletins de victoire.

Ce qui caractérise encore cette époque héroïque, c'est l'exemple de toutes les vertus que les officiers de l'armée républicaine savaient donner à leurs hommes. Au début nous en
eûmes de bien mauvais ; cela tenait au mode d'élection et
aussi à l'instabilité du commandement. En Alsace, à la fin
de 1793, tous les officiers subalternes s'étaient attribué des
chevaux, beaucoup quittaient leur troupe pour mener joyeuse
vie et restaient quelquefois plusieurs jours sans reparaître
à leur corps. Boulart avoue qu'il passa la nuit du 20 octobre
à Strasbourg, avec trois de ses camarades « au risque de ce
qui pourrait arriver ».

---

(1) Albert Duruy : *Le brigadier Muscar* (1856), d'après un récit d'Abel Hugo,
Vendée, 1794.
(2) Davout, 4 septembre 1792, cité par M. Albert Sorel.
(3) Marmont, mémoires

Hoche eut bientôt fait de remettre chacun à sa place ; et, les cadres une fois épurés, l'officier républicain fut dès lors digne de ses soldats : « Les officiers, dit Soult, donnaient « l'exemple du dévouement : le sac sur le dos, privés de solde, « ils prenaient part aux distributions, comme les soldats..... « on leur donnait un bon pour toucher un habit ou une paire « de bottes..... cependant aucun ne songeait à se plaindre de « cette détresse, ni à détourner ses regards du service, qui « était la seule étude et l'unique sujet d'émulation. Dans « tous les rangs, le même zèle, le même empressement à aller « au delà du devoir..... C'est l'époque de ma carrière où j'ai « le plus travaillé et où les chefs m'ont paru le plus exi- « geants. »

Et cependant, quelle misère ! c'est à peine si les officiers touchaient *quatre francs* de numéraire par mois ; les géné- raux eux-mêmes en étaient réduits à *huit francs*. La plupart n'avaient pas le moyen de s'offrir un uniforme ; Gouvion Saint-Cyr portait une grande redingote bleue et Desaix un habit si court des manches qu'il paraissait achever d'user son vêtement de première communion. Nous sommes loin des 27.000 francs de plumes d'autruche que Murat fera venir de Paris pendant la campagne de 1806 ! Loin aussi de la vais- selle plate des généraux du premier Empire et des équipages que nécessitait son transport. « La vie du général Beurnon- « ville, dit le général Ambert, était si simple qu'elle touchait « presque à l'austérité. La frugalité de sa table mettait en « fuite son état-major, et son habitation consistait en un cha- « riot couvert. » On n'est plus tenté, en présence de pareils exemples de simplicité, de s'étonner du mot de La Tour d'Au- vergne à qui un représentant du peuple faisait des offres de service : — « Eh bien ! dit La Tour d'Auvergne, si vous êtes tout puissant, demandez pour moi..... — Quoi ? un régiment ? — Non, une paire de souliers ! »

Tout commentaire affaiblirait la portée de ces citations. Restons donc, Messieurs, sur cette impression que l'armée de la première République française fut vraiment un exemplaire accompli d'armée républicaine ; prenons pour modèles ces officiers dont le dévouement et le patriotisme furent à la hauteur de toutes les circonstances, et efforçons-nous surtout d'imiter leur modestie et leur désintéressement.

*
* *

L'histoire nous apprend que la vie des peuples est faite, comme celle des individus, d'une éternelle rivalité ; si je

no craignais de paraître vous faire un sermon, j'ajouterais :
Vivere militare est. Même pendant les longues périodes de
paix, comme celle que nous traversons, la lutte n'est inter-
rompue qu'en apparence ; elle est simplement reportée sur
le terrain économique, mais l'activité nationale n'en continue
pas moins à s'exercer dans la préparation à la guerre et dans
le perfectionnement des institutions militaires.

Or, qui dit perfectionnement dit *évolution* : tout ce qui
touche à l'armée et constitue son esprit est trop intimement
lié au régime politique du pays pour ne pas varier en même
temps que lui et autant que lui. On l'a constaté bien avant
nous.

« Les armées, a écrit dès 1844 un officier (1), se confor-
« ment au mouvement général des nations auxquelles elles
« appartiennent. Comme les sociétés civiles, elles suivent les
« tendances qui entraînent l'espèce humaine. Si, par leur dis-
« cipline sévère, par leur hiérarchie fortement constituée,
« elles forment des fractions isolées, ce n'est que matérielle-
« ment ; en esprit, elles cherchent à s'identifier à leur nation,
« à se mettre de niveau avec le milieu dans lequel elles vi-
« vent. Malgré la prétention de quelques gouvernements à
« parquer les armées et à empêcher tout autre esprit que
« l'esprit militaire de pénétrer jusqu'à elles, elles s'imprè-
« gnent des idées qui agitent le monde, elles les absorbent
« par tous les pores. »

Il y a donc une *loi d'évolution* à laquelle l'armée ne peut
se soustraire ; son esprit se modifie pour s'adapter aux institutions du pays, sans pour cela risquer de périr, comme le
prétendent ceux qui voudraient en faire un anachronisme et
un instrument d'opposition. L'ancienne armée royale a subi,
du fait de la Révolution, une transformation radicale ; les
armées de la République ont-elles, pour cela, manqué d'esprit militaire ?

Ce travail incessant d'adaptation qui entraîne l'armée dans
la voie du progrès social et l'empêche de se figer dans des
formules surannées, s'applique à tout ce qui fait sa force, à
tout ce qui constitue ses devoirs. C'est ainsi que le général
Morand a constaté, en s'appuyant sur les données de l'histoire,
que les moyens disciplinaires ont été la terreur chez les peuples barbares, et, au contraire, le développement de l'intelligence et des habitudes dirigées vers un but d'utilité commune chez les peuples civilisés, ou qui s'élevaient vers la
civilisation. Il serait aisé de démontrer que la conception que
les militaires se sont faite, au cours des âges, de l'honneur,

---

(1) Capitaine F. Durand : *Les Tendances pacifiques des nations européennes.*

du courage, du devoir envers la Patrie, a subi une évolution semblable. Nous avons effleuré le sujet.

En 1835, l'auteur d'un écrit remarquable, le général Blondel, a émis cet aphorisme, bien souvent cité depuis : « Pendant la paix, c'est *l'esprit civil* qui déborde de la nation dans l'armée. » C'est qu'il y avait, à cette époque, un *esprit civil* et un *esprit militaire*, antagonistes par essence comme par tendances, et dont l'un prenait fatalement, suivant les circonstances, le dessus sur l'autre. En d'autres termes, il y avait antinomie constante entre l'armée et la nation, opposées l'une à l'autre, par l'effet d'une conception aussi absurde que coupable.

Aujourd'hui on peut dire que *c'est la nation entière qui déborde dans l'armée, non seulement avec son esprit, mais avec ses aspirations démocratiques et sa soif de progrès social.* Chaque année l'institution du service universel et obligatoire verse dans l'armée la totalité de la jeunesse de vingt ans. A intervalles réguliers, ces éléments, représentant toutes les classes de la société, viennent reprendre contact avec l'armée par l'accomplissement d'une période d'instruction. Et cependant, cette situation nouvelle, « ce fait révolutionnaire dans l'acception propre du mot (1) » n'ont été, parmi nous, envisagés jusqu'ici, dans leurs conséquences, que par quelques esprits d'élite.

L'armée et la nation étant désormais confondues dans un même tout et se pénétrant intimement, il est clair que l'armée ne peut plus être, comme on l'a dit, « une citadelle fermée au sein de la nation ». Elle groupe en un seul et puissant faisceau toutes les intelligences, toutes les compétences, toutes les énergies fécondes du pays; elle est la Nation elle-même, dressée à sa propre défense. D'où nécessité d'une évolution nouvelle de l'idée que nous, militaires, nous faisions naguère encore de notre profession. Mais, par une anomalie étrange, cette évolution, nous la subissons, nous ne la dirigeons pas. Habitués à rester enfermés dans notre *tour d'ivoire*, sans jamais monter au sommet pour jeter un regard sur ce qui se passe au dehors, nous sommes seuls à ne pas nous apercevoir que nous avons, à côté de notre rôle de préparation à la guerre, à remplir une mission sociale d'une importance capitale, et qu'il nous appartient de contribuer à l'éducation de la démocratie. De là ce malentendu entre les classes intelligentes et le corps d'officiers, malentendu qu'il serait puéril de nier.

Cette indifférence qu'on nous reproche ne provient cepen-

____

(1) « Le Rôle de l'officier », *Revue des Deux-Mondes*, 1891.

dant que d'une sorte de timidité professionnelle des militaires et qui est tout à leur honneur, car elle est le résultat d'une application trop étroite à force d'être consciencieuse, de cette règle de conduite, d'ailleurs très juste en soi : « l'armée doit fermer l'oreille à tous les bruits du dehors ».

Cela veut pourtant dire simplement que l'armée ne doit pas se mêler aux luttes stériles et énervantes de la politique, qu'elle doit rester — au-dessus des partis — l'expression la plus pure de la Patrie elle-même, de cette France qui, suivant une réplique célèbre, subsiste toujours. *Son loyalisme et son dévouement au gouvernement légal du pays doivent être absolus*, et je défie un militaire de trouver une autre formule qui lui permette de sauvegarder aussi sûrement son honneur. En dehors de cette ligne de conduite, qui se résume dans les deux mots magiques inscrits dans les plis du drapeau, il ne saurait y avoir, pour le soldat, que déception et honte.

Mais ce n'est pas à dire pour cela que l'officier doive se désintéresser de ce qui se dit, autour de lui, au sujet des perfectionnements dont la machine militaire est toujours susceptible. L'histoire prouve, au contraire, que les meilleures institutions, pour atteindre leur complet épanouissement, ont besoin d'être discutées. Et, pour tout dire, il faut nous habituer à cette idée, qui répugne encore à beaucoup trop de militaires, que, dans une République, l'armée ne peut avoir la prétention d'être au-dessus de tout contrôle, sauf le sien propre. L'opinion contraire serait l'indice d'un esprit de caste dont nous avons reconnu les dangers, d'une prétention à l'infaillibilité qui s'opposerait à tout progrès et à toute évolution vers notre idéal. Nos revers d'il y a trente ans n'ont pas eu d'autre cause, et si la transformation de notre corps d'officiers a été si lente, c'est que cet état d'esprit était profondément enraciné dans l'armée.

Avant la guerre de 1870, l'armée formait dans la nation une caste à part, avec des idées, des mœurs et des goûts opposés à ceux de la société civile. Elle veillait avec un soin jaloux à la conservation de ce qu'elle appelait ses privilèges et ses traditions et pouvait compter, dans ses revendications, sinon sur l'appui officiel, du moins sur la neutralité bienveillante du gouvernement impérial. Celui-ci, s'appuyant surtout sur elle, avait intérêt à la maintenir dans son isolement. Des changements de garnison érigés à l'état de système empêchaient les officiers de prendre racine nulle part. Leurs pérégrinations continuelles à travers le territoire national les portaient à afficher vis-à-vis des populations au milieu desquelles ils ne faisaient que camper, des allures cassantes qui excluaient toute courtoisie dans les rapports. Le « pékin », quelle que fût sa situation dans la société, était uniformément traité en quantité négligeable, car il était entendu qu'il ne contribuait en rien à la grandeur de la France, uniquement basée sur la valeur invincible de son armée.

En raison de cette vie errante et de la répugnance qu'elle inspirait aux familles, le mariage était, pour l'officier, un état d'exception ; pour le sous-officier, un rêve que l'obligation de trouver une cantine à tenir ou la perspective d'incessants déménagements transformait en cauchemar. L'officier qui avait la force de caractère nécessaire pour résister à l'enlisement dans l'union irrégulière affichait trop souvent une légèreté de mœurs et une liberté d'allures qu'il justifiait à ses propres yeux en la considérant comme un des privilèges de la profession des armes. En somme, les qualités très brillantes de l'officier, au point de vue professionnel, ne trouvaient pas d'emploi, en temps de paix, dans la société civile, et celle-ci, ne s'apercevant que des défauts, rendait, à juste titre, dédain pour dédain à toute la corporation.

Aujourd'hui les conditions réciproques du corps d'officiers et de la nation sont bien changées : la vaillance est toujours notre apanage — nous en trouvons la preuve dans les expéditions coloniales au cours desquelles l'héroïsme de nos cadres et de nos soldats leur vaut les témoignages les plus flatteurs des généraux étrangers. Quant au fâcheux état d'esprit qui isolait nos officiers au sein de la population, il s'est heureusement modifié par l'effet d'une plus juste conception du rôle et de l'importance de chacune des forces vives de la nation devenue une démocratie. Le passage incessant dans les rangs de l'armée des éléments intelligents et distingués de la société a suffi pour amener ce résultat. Aujourd'hui les chefs de corps entretiennent partout, avec les autorités civiles, et pour le plus grand bien de tous, des relations courtoises et suivies, et ils ne toléreraient pas que leurs subordonnés prissent, vis-à-vis des populations dans lesquelles sont confondues — ne l'oublions pas — les puissantes réserves du pays, les allures tapageuses et vexatoires d'autrefois.

Comment pourrait-il en être autrement, dans un pays soumis au régime du gouvernement de tous par tous, alors que, dans une monarchie voisine, la Prusse, les règles suivantes ont été imposées aux officiers par l'ordonnance du 2 mars 1874 instituant les tribunaux d'honneur : « La conscience « que les officiers ont, à juste titre, de leur dignité, ne doit « jamais dégénérer en *orgueil* ou *en manque de considération* « *de leur part envers les autres classes de la société.* Plus l'officier aime sa profession, plus il en place haut le but, et « plus il doit être convaincu que *la confiance accordée par les* « *diverses classes de la société au corps d'officiers* est une con-

« dition nécessaire pour assurer le succès de la tâche glorieuse
« et suprême de l'armée. »

La stabilité relative des garnisons a achevé de détruire les
barrières qui isolaient l'armée au milieu des populations : les
officiers, profitant de la faveur de plus en plus marquée avec
laquelle ils sont partout accueillis, ainsi que du prestige
qu'exercera toujours, dans notre pays, un uniforme crânement
porté - - et qui ne va pas sans susciter, semble-t-il, quelque
jalousie - - sont mariés en grand nombre.

Comme il arrive souvent, la réaction a été quelque peu
outrée et on est tombé d'un excès dans l'autre : depuis quelques années il règne une sorte de contagion matrimoniale
contre laquelle il serait peut-être temps de prendre des mesures. Ne voit-on pas tous les jours de jeunes officiers se
séparer de leurs camarades avant d'avoir reçu leur deuxième
galon? N'en voit-on pas, chose étrange, qui, en venant des
bancs de l'école, se présentent au régiment avec une femme
au bras? Et n'est-il pas inquiétant de penser que ces jeunes
officiers, qu'on souhaiterait voir libres de tout souci matériel
et de toute préoccupation étrangère au service, n'accepteront
plus qu'à contre-cœur les déplacements qui leur seront fatalement imposés pendant leurs premières années de grade?

Les sous-officiers rengagés ont d'ailleurs suivi l'exemple,
de sorte que les ramifications de la famille militaire s'éten-
dent partout, et au loin, dans toutes les classes de la société.

En regard des inconvénients que nous venons de signaler,
il est donc certain que le corps de nos 20.000 officiers a beaucoup gagné en instruction surtout, mais aussi en sagesse et
en pondération : un modèle nouveau d'officiers s'est établi
peu à peu, très différent du type d'autrefois, membre soli-
daire, celui-ci, d'une caste hiérarchiquement supérieure à
cette autre caste que formaient les soldats de métier.

Seuls, les ennemis de l'armée — il y en a toujours eu et il
y en aura toujours — feignent d'ignorer cette transformation
et continuent à entretenir dans le pays, par la plume et par
le crayon, l'odieuse légende de l'officier traîneur de sabre,
grossier, dépravé et inapte à toute conception élevée ou simplement généreuse. Pour eux toute la hiérarchie militaire
est représentée par le capitaine Bitterlin, le colonel Ramollot
et le général Boum, trois types qui ont amusé un moment
mais qui ont fait leur temps. Qui veut trop prouver ne prouve
rien.

A côté et au-dessus de cette catégorie d'envieux, pour lesquels la littérature de caserne est une source de profits, sinon
d'honneurs, des écrivains de jour en jour plus nombreux se
laissent tenter par l'inépuisable document humain que leur
offre l'armée et s'essaient dans la psychologie militaire. Si,

pour s'être mal renseignés ou pour avoir mal observé, ils se trompent quelquefois, il ne faut pas trop leur en vouloir, car ils appellent notre attention sur des questions qui nous intéressent au plus haut point et nous permettent souvent de combattre les opinions injustes répandues dans le pays, et qu'ils nous signalent en les reproduisant.

En général, les censeurs de cette catégorie reconnaissent volontiers qu'il y a quelque chose de changé, mais sont loin de se déclarer entièrement satisfaits. Écoutez plutôt : « L'offi-
« cier actuel — polytechnicien pâli sur les *x* ou saint-cyrien
« farci de dates — est trop souvent un intellectuel pur qui
« apporte dans l'armée les ambitions d'un fonctionnaire civil.
« Ce type a remplacé le soudard ignorant et bravache de l'an-
« cienne armée. Il lui est certes très supérieur, mais il est
« encore très loin de l'idéal qu'une démocratie réclame (1). »

Il y a là une exagération manifeste : dans notre jeune armée on trouve, comme dans toutes les professions libérales, beaucoup d'officiers fort intelligents, mais non des *intellec-tuels purs*, de même que, dans l'ancienne armée, il n'y a pas eu, à proprement parler, de soudards ignorants et bravaches, mais quantité d'officiers qui n'avaient d'autres livres de chevet que leurs règlements bleus. Était-ce donc si mal pour une époque où le corps d'officiers n'avait et ne pouvait avoir d'autre fonction dans la nation que la pratique de la guerre?

On veut, de nos jours, que l'officier soit instruit et qu'il travaille constamment à élever le niveau de ses connaissances. Si quelques-uns dépassent la mesure et en arrivent à négliger leur service, ne convient-il pas d'en faire remonter la responsabilité à tous ceux qui nous ont si amèrement reproché jadis notre ignorance en géographie? D'autre part, il faut avouer que ce n'est pas nourrir une ambition démesurée et s'assimiler à un fonctionnaire que d'avoir la prétention d'arriver, sur la fin d'une carrière heureuse, aux mêmes appointements qu'un premier commis de banque ou un sous-chef de rayon d'un grand magasin de nouveautés.

Une troisième catégorie d'écrivains trouve, elle, que tout est pour le mieux : ce sont les thuriféraires de l'armée, les avocats d'office de la grande muette. Ils ont monopolisé le patriotisme ; ils exercent un sacerdoce. Ceux-ci ne jettent pas de pierres dans notre jardin ; ils y lancent des pavés. C'est le cas de dire : *timeo Danaos et dona ferentes*. Notre devoir militaire, nous le connaissons, et nous n'avons pas besoin que d'autres que nos chefs nous l'enseignent, au risque de l'obscurcir. Ne dirait-on pas que le général Trochu a prévu l'avenir, lorsqu'il écrivait en 1878 : « Dans l'armée, comme dans

---

(1) M. Henri Bérenger : *La Conscience nationale*, 1898, page 301.

« la société civile, le régime des applaudissements érigés en
« système atteint la virilité des caractères. Il provoque les
« ambitions et les prétentions. Il a fait vivre plus de soixante
« ans parmi nous la légende de la victoire certaine, substi-
« tuée au sentiment des patients efforts de réflexion, de com-
« paraison, de préparation, de travail assidu qu'il faut faire
« pour la mériter et pour l'obtenir. C'est une mauvaise et dan-
« gereuse éducation pour l'esprit public et pour les troupes.
« Renonçons pour toujours à des entraînements qui coûtent
« si cher. Nous y gagnerons en simplicité, en vérité, en di-
« gnité d'attitude. Nous inspirerons plus de confiance à nos
« amis, plus de respect à nos ennemis, quand nous aurons
« abandonné notre vieille habitude d'admirer et de présenter
« au monde comme des héros les hommes qui font leur de-
« voir. »

Quoi qu'il en soit, le cadre de nos officiers s'est considérablement amélioré ; cela n'est pas niable. On pourrait donc
s'attendre à retrouver dans le peuple la trace d'une influence
heureuse et durable exercée par l'officier sur les jeunes Français qui, chaque année, lui passent par les mains. Il s'en faut
malheureusement, et nous sommes obligés de constater que
les résultats ne sont pas ce qu'ils pourraient être. En somme,
ce que nous rendons au pays ne paraît pas valoir beaucoup
mieux que ce que nous en avons reçu ; dans le bain de l'armée, le fer ne se change pas en acier. Mais, à cet égard surtout, nous ne saurions être à la fois juge et partie ; il convient de prendre l'avis de personnalités réputées pour la dis-
tinction de leur esprit, adonnées à l'observation sociale et
offrant des garanties d'impartialité suffisantes.

Voici une première opinion, résumée de l'enquête ouverte
en 1891 par l'auteur de l'article si remarqué de la *Revue des
Deux-Mondes* sur le rôle social de l'officier : « Trop de jeunes
« gens rapportent encore dans leurs familles un sens moral
« diminué, le dédain de la vie simple et laborieuse, et, dans
« l'ordre physique, des habitudes d'intempérance et un sang
« vicié qu'ils transmettent. »

Dans un autre article, de M. Étienne Lamy, celui-ci, et
daté de 1896 (1), nous retrouvons la même note : « Si l'ivro-
« gnerie et la débauche étaient plus inévitables et moins fu-
« nestes dans une armée de vieux soldats, en majeure partie
« voués au célibat, et dont l'influence corruptrice ne dépassait
« guère les limites de la garnison, elle a aujourd'hui moins
« d'excuses, parce que le soldat passe un temps court sous
« les drapeaux, et plus de dangers, parce que la destinée de

---

(1) *Revue des Deux-Mondes* : « Les ennemis de l'armée. »

« ce soldat temporaire est le mariage, son devoir social la
« famille, que les dépravations apprises durant le service le
« retiennent dans le célibat et font de lui le propagateur d'une
« mauvaise science jusqu'au fond des villages, où l'exposent,
« s'il fonde une famille, à transmettre à ses enfants une vie
« corrompue dans sa source.

La même année, les conclusions suivantes étaient présen-
tées à la tribune par un membre de la Chambre des députés,
partisan convaincu des armées de métier (1) : « Le service
« militaire actuel déshabitue des milliers de jeunes gens du
« milieu où ils ont grandi, des carrières qu'ils ont commen-
« cées, de la vie droite et simple qu'ils devaient suivre, et
« lorsque, après trois années de cette aliénation constante de
« leur personnalité, il les rend à la vie civile, ils n'en veulent
« plus. Beaucoup d'entre eux se sont habitués à l'existence
« des villes et y restent, en effet, pour devenir des ouvriers
« sans ouvrage, des besogneux sans emploi, des mécontents
« et des déclassés. Et c'est ainsi que les villes se remplissent
« et que les campagnes se vident. »

Un autre son de cloche, émis en 1898 : « Quelle que soit
« son origine sociale, le soldat ne garde pas du service mili-
« taire une heureuse empreinte, ni surtout une empreinte
« éducatrice. Il est arrivé à l'armée mal préparé à la compren-
« dre, il y séjourne sans l'aimer ; il la quitte trop souvent
« disposé à la haïr (2). »

Enfin, plus récemment encore, un professeur de l'Université (3) donnait, sur cette passionnante question de l'éducation militaire, les conclusions suivantes : « La vie du soldat
« produit un inconvénient très grave : elle sort complètement
« le jeune paysan, le jeune ouvrier, de ses habitudes, et lui
« fait prendre le goût de l'oisiveté, de la vie urbaine et de ses
« plaisirs faciles. La dépopulation des campagnes et le déve-
« loppement des villes sont accélérés par le séjour forcé dans
« les casernes d'une quantité de jeunes gens qui, de retour
« dans leurs foyers, sont bientôt pris du dégoût de leur vie
« première et reviennent à la ville après avoir été, dans la
« campagne, des agents de désorganisation. »

Au milieu de ce concert de récriminations, une note do-
mine, d'une tonalité un peu forcée, semble-t-il, celle de la
dépravation et de ses terribles effets sur la santé physique et
morale de la nation. A ces affirmations nous pourrions, en

---

(1) M. Jules Delafosse ; séance du 12 novembre 1896. Cité dans *La guerre,
l'armée*, anonyme, édité à Bordeaux, chez Feret et fils, 1899.

(2) M. Henry Bérenger : *La Conscience nationale.*

(3) M. Vacher de Lapouge, de l'Université de Montpellier, cité dans
La guerre, l'armée.

effet, être tentés d'opposer la statistique des conseils de revision constatant l'effrayante progression des tares héréditaires chez des jeunes gens de vingt ans, dont la naissance est antérieure à l'institution du service universel. L'armée, qui les reçoit anémiés et rachitiques, ne peut pourtant pas les rendre à la vie civile sanguins et robustes! Nous pourrions citer telle compagnie où, pendant trois années aucune maladie vénérienne de nature à laisser des traces n'a été contractée, et dont le capitaine a eu cependant à s'occuper constamment de deux soldats contaminés avant leur arrivée au régiment, et dont le contact pouvait être dangereux pour leurs voisins.

Nous pourrions objecter aussi qu'à côté de l'influence toujours salutaire des chefs, il y a celle souvent déplorable des camarades. Mais nous sommes ici à la recherche d'un idéal, et loin de songer à éluder aucun de nos devoirs, nous ne demandons qu'à les préciser. Ne vaut-il pas mieux envisager en face ce douloureux et terrible problème, et admettre que la responsabilité de la dépravation, de la gangrène morale, incombe *toujours* à l'officier?

D'ailleurs les pouvoirs publics nous ont déjà donné l'exemple, en s'attaquant résolument à une des formes du mal et en prenant les mesures radicales propres à l'extirper dans sa racine. Par ordre du Ministre de la guerre, vous le savez, la vente de l'alcool, sous toutes ses formes et sous tous ses déguisements, est désormais interdite dans les établissements militaires. Il n'est pas douteux que cette décision énergique — et universellement approuvée, sauf par les cantiniers — produira les meilleurs effets. M. le général André vient d'ailleurs de compléter les mesures déjà prises par son prédécesseur en étendant cette interdiction aux casernements des troupes coloniales et en faisant un pressant appel au concours du « Comité de défense des intérêts nationaux ». A ce sujet, il écrivait dernièrement à son président, M. d'Estournelles :

« Il m'est rendu compte que, dans beaucoup de nos possessions
« d'outre-mer, cette interdiction va soulever des protestations,
« basées sur l'atteinte qui en résulterait pour le commerce
« local. Je compte sur vous et sur l'œuvre dont vous êtes l'initiateur pour me seconder dans la tâche que j'ai entreprise
« et dans la lutte qu'il me faudra peut-être soutenir contre
« les intérêts qui se prétendent lésés et qui sont directement
« opposés à un intérêt national de première importance. »

Vous le voyez, Messieurs, cette déclaration de guerre à l'alcool nous indique aussi clairement que possible notre devoir, à nous officiers.

Nous avons constaté jusqu'ici deux faits : d'une part la transformation lente, mais continue, de notre corps d'officiers se rapprochant de plus en plus de son idéal; de l'autre, le peu d'efficacité de son action moralisatrice sur les contingents qui lui passent par les mains. A quelles raisons faut-il attribuer cette contradiction, c'est ce que nous examinerons dans une prochaine conférence.

*
* *

La véritable, et, pour ainsi dire, l'unique cause de la contradiction que nous avons constatée et dont les conséquences ne sauraient vous échapper, c'est que, dans l'armée, on s'est, jusqu'à ce jour, occupé énormément de l'instruction, mais fort peu de l'éducation du soldat, ce citoyen de demain.

Les officiers, dit-on, ne savent pas profiter des longues heures d'oisiveté dont jouissent les militaires — si toutefois c'est une jouissance de se traîner dans les rues ou d'errer dans les corridors des quartiers — et qui, mises bout à bout, forment un total respectable. Ils ne savent pas les employer en partie à cultiver l'esprit de leurs soldats, à façonner leur caractère, à transformer leurs âmes, à en faire, en un mot, des individualités solidaires et conscientes, à préparer à l'Etat des citoyens au courant de toutes leurs obligations sociales. « Il n'y a que dans l'armée, ajoute-t-on (1), que se rencontre « un pareil gaspillage de temps. Il n'est bonne ménagère qui « ne pratique l'art d'accommoder les restes, et le devoir de « tout industriel sérieux est de tirer le parti le plus avanta- « geux des déchets de son usine. »

Ce n'est cependant pas d'aujourd'hui que le problème de l'éducation du soldat est posé : il y a plus de vingt ans, le général Trochu signalait cette lacune : « Dans ce mode d'in- « struction professionnelle, disait-il, que nos malheurs ne nous « ont appris à modifier qu'au profit d'une assiduité plus ef- « fective, de travaux mieux suivis, et d'une plus rigoureuse « observation des règles, où est la part de l'éducation? Quels « professeurs sont chargés, le lendemain de l'arrivée au corps « de ces jeunes soldats, de leur montrer qu'ils ne sont pas « les victimes du sort, comme ils le croient tous, — il s'agit « du service de cinq ans — mais les serviteurs et les défen- « seurs, désignés par la loi, d'une collectivité d'intérêts supé- « rieurs et sacrés, qui sont la patrie, dont tous ne savent même « pas le nom? A quel moment de leur long, trop long séjour « sous les drapeaux leur a-t-on appris l'esprit de sacrifice, de

---

(1) Commandant Emile Manceau : *Notre armée.*

« dévouement gratuit, l'objet et les mérites de la discipline,
« les devoirs et les efforts de la paix, les devoirs et les éprou-
« ves de la guerre, enfin la substance de ce livre de principes
« que j'ai appelé le catéchisme militaire ? Qui a pensé à faire
« pénétrer dans ces jeunes esprits ouverts, pour un temps qui
« ne doit pas durer, à toutes les bonnes impressions, les pré-
« ceptes qui dirigent, les sentiments qui élèvent et qui for-
« tifient.....? »

Depuis, l'honorable général a eu satisfaction, mais théo-
riquement. Dans nos règlements, ces deux termes du dressage individuel, *Drill ùnd Erziehùng*, comme disent les Allemands, marchent toujours de pair : « *L'instruction et l'édu-
« cation* militaires, est-il dit, se donnent réellement dans la
« compagnie (ou dans l'escadron). La mission du capitaine a
« une importance des plus grandes ; *il s'y consacrera tout
« entier.* »

Les rédacteurs du règlement du 12 mai 1899, concernant
la cavalerie, ont même pensé qu'il fallait faire davantage,
et qu'il convenait d'insister tout particulièrement sur l'éducation morale. Dans les principes généraux de l'instruction, il
est dit : « L'attention des chefs ne doit pas se borner à l'in-
« struction professionnelle. *Tout supérieur a le devoir de
« s'occuper de l'éducation morale de ses subordonnés*, comme
« de leur éducation physique et de leur instruction militaire.
« Il doit non seulement faire appel à leur mémoire, à leur
« intelligence, mais encore *s'adresser à leur cœur*, pour y
« faire naître ou y développer, par tous les moyens, les senti-
« ments de probité, de franchise, de droiture, de bravoure,
« de confiance dans leurs chefs, de dévouement et de patrio-
« tisme.

« Ces vertus du soldat contribuent au maintien de la disci-
« pline plus sûrement que les rigueurs des règlements et sont,
« à la guerre, la meilleure garantie du succès. »

Malheureusement, de la théorie à la pratique, il y a plus
loin encore que de la coupe aux lèvres. Dans les régiments la
partie éducation se borne presque toujours à quelques théories, dites morales, prévues à l'avance comme toutes les autres
parties du service. Or, rassembler les soldats d'une compagnie ou les cavaliers d'un escadron à heure fixe, dans un local
où ils sont mal à l'aise, pour leur faire un discours plus ou
moins académique sur un sujet qui n'a aucun rapport avec
leurs préoccupations du moment, revient à leur imposer une
désagréable corvée. Quel enthousiasme comptez-vous exciter
dans l'âme de ces jeunes soldats, en leur parlant d'Austerlitz,
d'Iéna, de Friedland ou de la Moskowa — noms inscrits je
suppose sur votre drapeau — si, dans ce but, vous les réunis-
sez à la hâte entre une séance de boxe et un épluchage de

pommes de terre en perspective ? Et, en admettant même que vous parveniez à fixer leur attention, combien peu, parmi ceux à qui s'adressent vos exhortations patriotiques, ont des connaissances historiques suffisantes pour pouvoir tirer quelque profit de ce qu'ils entendent ! une douzaine peut-être, savent *à peu près* ce qu'était Napoléon, et ce qu'il représente pour nous, officiers.

Croyez que je n'exagère pas : un capitaine de la garde prussienne a eu l'idée, ces jours derniers, de faire une enquête sur Bismark parmi les jeunes soldats de sa compagnie et a obtenu les résultats suivants : sur 78 hommes, 14 seulement ont su lui donner son titre de premier chancelier de l'Empire et de fondateur de l'unité allemande ; à 21 d'entre eux ce nom, qui devrait être populaire en Allemagne, ne disait quoi que ce soit ; un soldat l'a qualifié de grand poète; un autre de traducteur de la Bible ! et notez que Bismark est un contemporain !

Qu'arrive-t-il ? C'est que l'officier qu'on a chargé de faire une théorie morale dans ces conditions se rend bien vite compte qu'il prêche dans le désert ; il lui en reste, surtout s'il débute dans ce rôle difficile, une impression d'énervement, d'irritation et même de dégoût qui le porte à redouter, plus encore que ses hommes, le retour de séances analogues. Si le capitaine n'y tient la main, on renouvelle l'expérience le moins souvent possible ; serait-elle souvent reprise dans les mêmes conditions, que le bénéfice moral n'en serait pas beaucoup plus grand.

Non, ce n'est pas ainsi que doit se faire l'éducation de ces jeunes hommes ; il ne viendra à l'idée d'aucun père de famille jouissant de son bon sens d'annoncer à ses enfants qu'il les réunira de 2 h. 45 à 3 h. 30 pour leur expliquer que le mensonge est une chose vile et basse, et le vol un acte déshonorant. Non, la théorie morale doit être provoquée par les mille menus incidents de la vie journalière. Elle doit être simple, familière sans trivialité ; il faut parler à une réunion d'hommes un langage tel que le plus borné puisse comprendre, et que le plus intelligent, fût-il licencié, ne soit pas tenté de sourire. Savoir parler au soldat est un art tout de nuances, qui s'acquiert par l'expérience ; le plus difficile est de lui parler *à propos*.

Prenons un exemple : à l'arrivée de la classe, le capitaine a renouvelé la défense formelle à ses hommes de prendre leurs repas à la cantine. A quelques jours de là, montant, à l'heure de la soupe, l'escalier qui conduit au réfectoire, il croise un ancien soldat, lequel porte dans ses mains un plat contenant des reliefs de poulet. Interrogé, l'homme se trouble, balbutie et avoue finalement qu'il va reporter à la cantine les restes du repas que le jeune soldat Paul y a fait acheter tout à l'heure.

Or, le soldat Paul est un fils de gros bourgeois que sa famille, affolée à l'idée qu'il allait passer par la caserne, a fait précéder au régiment de recommandations pressantes. Et voici que ce jeune soldat, au lieu de donner le bon exemple, désobéit sournoisement aux ordres de son chef ; voici qu'il mange des mets de choix au nez de ses camarades et à la barbe de son caporal ! Bien mieux, il s'est attribué non seulement un brosseur, mais un véritable domestique, ce pauvre diable d'ancien, sans famille ni ressources, que le capitaine a rencontré tout à l'heure dans l'escalier.

Ah ! la belle et opportune théorie morale que cette compagnie va entendre dans un instant ! Ah ! la saine et bonne leçon d'égalité, de fraternité et de camaraderie que ces jeunes hommes vont recevoir ! Et comme les paroles cinglantes que l'indignation fera monter aux lèvres du chef vont se graver profondément dans tous les esprits ! Que l'expulsion ignominieuse du coupable, à laquelle le capitaine fera procéder sous ses yeux, sera donc d'un effet salutaire !

Et cependant, en se retirant, le commandant de compagnie n'est pas content de lui-même : sa conscience lui reproche de n'avoir fait que la moitié de son devoir. Il se dit que, s'il avait mieux étudié ses jeunes soldats à leur arrivée, s'il les avait reçus lui-même, s'il s'était donné la peine de scruter leur personnalité en les faisant causer et en les interrogeant avec cordialité sur leur passé, bien des choses l'auraient frappé chez le soldat Paul. Il se serait aperçu qu'avec ce grand niais au linge de corps trop fin et trop orné, au porte-monnaie trop garni, au caractère poseur, à l'instruction ratée, à l'éducation faussée par de ridicules préjugés de caste, un ferment de discorde et peut-être d'immoralité allait s'introduire dans la compagnie. Il aurait compris qu'il y avait là tout un dressage à faire et qu'il appartenait au chef de mettre ce jeune Français en garde contre les effets de son éducation première. Il lui aurait expliqué, notamment que, dans la nouvelle famille — la famille militaire — où il allait tout à l'heure faire son entrée, il ne saurait exister de différence de traitement entre le riche et le pauvre ; qu'habillés du même drap grossier, mais solide, tous devaient prendre la même nourriture. Il lui aurait exposé le rôle bienfaisant que, tout simple soldat qu'il allait être, il pourrait jouer dans son escouade, en y donnant l'exemple de la simplicité et de l'observation de tous ses devoirs. Oui, à ce grand benêt dont il se proposait de refaire tout doucement l'éducation, à cet enfant gâté dont il avait à faire un homme, il aurait insufflé cette idée amusante qu'il allait avoir un rôle à jouer.

Après la première surprise produite par cet accueil si différent de celui qu'on lui avait appris à redouter, le jeune homme aurait compris qu'en quittant les jupes de sa maman, il venait de trouver un frère aîné, un tuteur attentif, un homme bon et expérimenté dont il avait tout intérêt à suivre les conseils. Dans son cœur de vingt ans se seraient réveillés les instincts généreux assoupis par l'effet d'une éducation orgueilleuse ; en sortant du bureau du capitaine il se serait dit qu'à moins de passer pour le dernier des goujats, il lui fallait faire quelque chose en échange d'une telle sollicitude. Et dès lors le fait irréparable ne se serait pas produit, et le capitaine, au lieu d'être nerveux et mécontent, aurait maintenant la satisfaction que donne la conscience du devoir accompli.

Autre exemple : le service de semaine rend compte au capitaine que le soldat Pierre, de sa compagnie, vient d'être ramené à la caserne, ivre-mort, et qu'il a fallu *l'attacher* sur son lit en attendant qu'il puisse être, sans danger, enfermé dans les locaux disciplinaires. Le capitaine se rend dans la chambrée, donne l'ordre de rassembler la compagnie et, sans mot dire, fait défiler un à un, devant ce hideux tableau d'abjection humaine, ses hommes profondément impressionnés. Croyez-vous que cette leçon sans phrases ne vaille pas dix théories sur les terribles effets de l'alcoolisme ?

Le commandant de compagnie que nous venons de suivre dans l'exercice de sa haute mission n'est pas, comme vous pourriez le croire, une abstraction, un type idéal ; il existe; nous en connaissons quelques-uns qui ont obtenu ou obtiennent encore des résultats merveilleux de cette manière de comprendre et de pratiquer leur rôle *d'éducateurs*. Il n'en est pas moins vrai qu'ils forment une infime minorité.

Et pourquoi cela ? parce que beaucoup d'officiers croiraient, en se livrant, en se montrant tels qu'ils sont, bons et simples, compromettre le prestige nécessaire à l'exercice du commandement. Cette supériorité, ils espèrent la sauvegarder en tenant l'homme à distance, en se renfermant dans une sorte de morgue indifférente. Ce préjugé est le fruit d'un esprit de caste ou, plus souvent, d'un *snobisme* incompatible avec les principes républicains dont ces officiers, enfants du peuple pour l'immense majorité, sont, au fond, pénétrés. Et, chose remarquable, il existe, à un degré égal, quoique pour des raisons différentes chez tous, quelle que soit leur origine.

L'officier sorti du rang applique tout naturellement au troupier le traitement qu'il a lui-même reçu jadis ; il ne songe même pas à la possibilité d'une manière de faire différente. S'il est moins dur, moins disposé à punir que l'officier d'autrefois, c'est qu'il a bénéficié à son insu de l'évolution des idées, de l'adoucissement progressif des mœurs militaires, résultat du service universel.

Le saint-cyrien, lui, ne connaît du soldat que ce que ses instructeurs lui en ont appris, et ils se sont efforcés de le lui faire aimer à l'avance. Ils ont dû surtout lui inculquer cette idée que, dans une nation aux aspirations de plus en plus démocratiques, la morgue et le dédain à la manière des anciens hobereaux serait fort mal venus. Il semblerait donc que, promu officier, il doive entrer en fonctions exempt de tous préjugés. De fait, il n'en a pas. S'il se tient trop souvent sur la réserve, s'il affecte une attitude froide et impénétrable, ce n'est pas par fierté, mais par prudence. Plus tard, lorsqu'il a pris de l'aplomb, lorsqu'il a conscience de sa valeur, il se livre plus volontiers et se rapproche du soldat, si toutefois l'exemple de ses camarades et les habitudes prises ne l'incitent pas à se confiner dans sa première manière. Et même, en admettant qu'il se laisse finalement gagner par les touchantes qualités du bon soldat, que de temps perdu, dans l'intervalle, pour faire le bien !

Officier supérieur, le saint-cyrien est bienveillant toujours, parce que, moins préoccupé des détails de l'instruction et de la vie journalière, ses méditations le portent à envisager davantage la conduite des troupes en campagne, et qu'il a toujours présentes à l'esprit les paroles du bon et du brave Desaix : « Je vaincrai tant que je serai aimé de mes soldats ! »

C'est à l'arrivée du nouveau contingent que commencera votre rôle social, votre mission d'éducateurs. Les fonctions d'instructeurs seront toujours votre occupation principale ; il n'en est pas moins vrai que vos *débuts se feront comme éducateurs*. Ce n'est donc pas sur le terrain d'exercices que vous aurez à vous affirmer tout d'abord ; ce n'est même pas en apportant à votre capitaine, pendant les opérations de l'habillement, un concours aussi empressé qu'inexpérimenté. C'est à l'entrée du jeune soldat dans le bureau de la compagnie ou de l'escadron que doit commencer votre action bienfaisante : là le capitaine, entouré de ses officiers, reçoit individuellement chacun de ses hommes. Du moins, il doit le faire. « Le colonel, nous disait un jour un chef de corps, accompagne à leur dernière demeure tous ceux de ses hommes qui meurent au service de la Patrie. Quel dommage qu'il ne puisse les recevoir aussi, à leur entrée au quartier ! »

Le capitaine ausculte donc individuellement la personnalité morale de chaque recrue; il s'enquiert avec une bienveillance discrète de ses origines, de sa famille, de son éducation, de son instruction, de ses aspirations. Dans ce dernier ordre d'idées il se garde, l'homme fût-il bachelier, de lui demander

« s'il veut aller à Saint-Maixent »; il évite ainsi de lui laisser supposer qu'il suffit d'un diplôme universitaire pour faire un officier. La mise du jeune soldat, mais surtout son attitude et sa manière de s'exprimer permettent au capitaine de se faire une première opinion, qu'il rectifiera souvent par la suite ; il faut, en effet, se garder de toute opinion préconçue et hâtive. Cette première entrevue a pour but aussi de rassurer le jeune soldat, de lui laisser une impression douce et réconfortante qui lui fera accepter avec philosophie les contacts plus rudes auxquels il va être soumis. Rassurer l'homme apeuré par les anciens, au village ou à l'atelier, voilà qui est essentiel. Lorsque vous commencez le dressage d'un jeune cheval, vous vous en approchez doucement, vous le caressez, vous lui parlez ; vous vous efforcez, en un mot, de le mettre en confiance. Et vous agiriez différemment avec un homme qui n'est pas seulement une entité matérielle, mais une personnalité morale ?

Cette importance du premier contact du conscrit avec ses chefs est apparue depuis bien longtemps aux esprits clairvoyants : « De la manière d'être de son premier capitaine, « écrivait jadis un officier de l'ancienne armée, peut dépendre « l'avenir d'un jeune soldat. Les premières impressions que « l'on reçoit en arrivant au régiment ne s'effacent jamais. »

Cette opération est naturellement longue ; ne vous en inquiétez pas: ce n'est du temps perdu ni pour les hommes, ni pour vous-même qui, en écoutant votre capitaine, faites votre apprentissage du commandement. Ne vous préoccupez pas, surtout de l'effarement que vous lirez sur le visage de l'adjudant de la compagnie, lequel voudrait bien, s'il l'osait, dire au capitaine que les unités voisines sont déjà dans la cour, à apprendre la position du soldat sans armes et les principes du demi-tour.

Ne cherchez pas à imiter cette hâte, et, de grâce, n'apprenez pas au soldat à saluer avant de lui avoir fait comprendre *pourquoi* il aura à saluer. C'est mettre la charrue avant les bœufs que de vouloir faire décomposer un geste aussi essentiel avant d'en avoir fait saisir toute l'importance. Qu'on lise dans les yeux des vôtres exécutant le salut, toute la dignité, toute la fierté que vous leur aurez mise dans l'âme !

En commentant devant vos jeunes soldats la belle page de notre « Service intérieur » relative aux principes de la subordination, vous aurez soin d'en faire ressortir toute la beauté morale, l'esprit de bonté, *de solidarité, de dévouement réciproque* qui l'anime de son souffle généreux. Vous ferez comprendre que le règlement a entendu opposer les garanties les plus sérieuses à l'arbitraire et au bon plaisir. Vous direz bien haut que ce qui distingue notre armée républicaine, ce qui fera sa force dans le danger, sa supériorité sur les armées où le soldat est *la chose* de l'officier, c'est que chez nous le citoyen, en devenant ou en redevenant soldat, ne cesse pas pour cela d'être un homme libre et fier. S'il prend l'engagement de se plier à toutes les règles de la discipline, c'est parce qu'il sait que le principe de la hiérarchie est le corollaire obligé de celui de l'égalité, parce qu'il est profondément convaincu — à vous, Messieurs, de le persuader! — que, sans discipline, comme sans organisation, il n'y a pas d'armée possible. Son obéissance sera d'autant plus absolue qu'elle sera plus volontaire. En revanche, il sera traité, non pas comme un être d'une caste inférieure, mais comme un *camarade de combat*, comme un *frère d'armes.*

Si, dans ce petit cours de philosophie militaire j'insiste tant sur cette idée, au risque d'empiéter sur les attributions de vos instructeurs — ce dont je m'excuse — c'est que j'ai, pour cela, de très sérieuses raisons que je vais vous communiquer : je vous ai dit, Messieurs, que, dans une démocratie comme la nôtre, il est inadmissible que les officiers se considèrent comme infaillibles et impeccables, par une sorte de grâce d'état. Notre devoir, tel qu'il nous apparaît, est de ne pas nous désintéresser de ce qui se dit, ni surtout de ce qui s'écrit au dehors, concernant les choses de l'armée ; de tenir compte de toute indication qui, au critérium de notre expérience professionnelle ou de notre conscience, nous paraîtrait avisée et juste. En revanche, il nous appartient de combattre avec la dernière énergie, dans l'esprit de nos soldats, toute idée répandue par la parole ou par le livre et qui, loin de contribuer à l'apaisement, serait de nature à jeter le doute dans les cœurs, à perpétuer l'esprit de discorde et de caste et à contrarier ainsi les bienfaisants effets que nous attendons de l'éducation sociale de la nation par l'armée.

Vous connaissez tous par cœur — c'est de tradition à Saint-Cyr — la phrase qui termine le deuxième alinéa du chapitre de la subordination. Cette pensée si haute et si fortifiante pour les humbles nous était toujours apparue comme la plus parfaite expression de nos sentiments et de nos obligations d'officiers : « Les membres de la hiérarchie militaire, à quelque « degré qu'ils y soient placés, doivent traiter leurs inférieurs « avec bonté, être pour eux des guides bienveillants, leur « porter tout l'intérêt et avoir envers eux tous les égards dus « à des hommes dont la valeur et le dévouement procurent « leurs succès et préparent leur gloire. »

Or, croiriez-vous, Messieurs, que cette phrase a éveillé les susceptibilités inquiètes des écrivains qui s'occupent de psychologie militaire? « Voilà qui est net, dit l'un d'eux : le « dernier membre de phrase semble indiquer que la raison

« d'être principale de l'armée est dans les « succès » et la
« gloire » des officiers. C'est bien l'idée d'une caste profes-
« sionnelle ! »

Voilà ce que les jeunes gens instruits, les étudiants que les
contingents annuels enverront dans vos compagnies ou dans
vos escadrons auront peut-être lu et médité avant leur arrivée
au régiment. Comprenez-vous maintenant combien il importe
que, dans vos théories morales, vous arrachiez de l'esprit de
ces jeunes Français cette arrière-pensée qu'au lieu d'être
pour nous des frères d'armes, appelés à mêler leur sang au
nôtre sur les champs de bataille où se joueront les destinées
de la patrie, ils ne sont peut-être considérés, dans notre for
intérieur, que comme les instruments propres à réaliser des
ambitions égoïstes ?

Est-il nécessaire d'ajouter qu'une pareille interprétation
n'est jamais venue à l'esprit d'aucun officier, d'aucun de ceux
surtout auxquels est confiée dans cette École la haute mission
de votre éducation militaire ? Nous avons conscience, au contraire, de ne négliger aucune occasion, non pas seulement de
faire aimer le soldat, mais de vous faire admirer les brillantes qualités qu'il tient de sa race et qu'à ce titre nous parta-
geons avec lui. Ouvrez votre cours de tactique : vous y lirez
des phrases comme celle-ci : « Les historiques de nos régi-
« ments abondent en glorieux exploits accomplis par des in-
« dividualités qui n'appartenaient même pas toujours à la ca-
« tégorie des sous-officiers. On en chercherait en vain de pa-
« reils chez les Allemands ; chez eux la bravoure et les actions
« d'éclat paraissent être l'apanage exclusif des officiers (1) ».
Est-ce là, je vous le demande, le langage d'officiers qui consi-
déreraient le soldat comme « *leur chose* » ?

Ajoutons que, dans les écrits auxquels nous faisons allu-
sion, le texte incriminé est présenté au public, non pas en
son intégralité, mais tronqué : on y a supprimé les membres
de phrase suivants, qui sont cependant bien significatifs : « à
quelque degré qu'ils y soient placés » et « être pour eux des
guides bienveillants, leur porter tout l'intérêt ».

Ce qui a pu donner naissance à cette fâcheuse interprétation, c'est que la rédaction du texte en question remonte à
une époque où l'esprit de caste était effectivement la condition des rapports entre officiers et soldats. Tout le monde sait
que le règlement du 28 décembre 1883 a reproduit les termes
de l'ordonnance du 2 novembre 1833, mais ce qu'on ignore
généralement, c'est que les rédacteurs de cette dernière n'ont

---

(1) Annexe du cours de tactique d'Infanterie, page 264 (1900-1901). Relisez
Frœschwiller, l'admirable œuvre de M. le général Bonnal. Vous y trouverez
en maints endroits un éclatant hommage rendu aux brillantes et solides
qualités du soldat français.

fait que condenser, sans en modifier l'esprit, les prescriptions
du règlement provisoire de 1788 concernant le service intérieur, la police et la discipline des troupes à cheval. Le chapitre 1ᵉʳ du titre 1ᵉʳ de ce dernier document se terminait
ainsi :

« Entend Sa Majesté que cette bienséance dans l'exercice
« du commandement, dont la délicatesse et l'honneur doi-
« vent suffire pour faire un principe constant entre les offi-
« ciers de tout grade, ait de même lieu des officiers aux bas of-
« ficiers, cavaliers, etc..., en sorte que ceux-ci ne soient ja-
« mais ni tutoyés ni injuriés, ni malmenés par eux; que tous
« les châtiments qu'ils leur infligeront soient conformes à la
« loi et qu'enfin les officiers les conduisent, les dirigent et les
« protègent en toute occasion ; *leur propre intérêt étant de les*
« *attacher à leur profession et de se les affectionner person-*
« *nellement comme les compagnons de leur fortune et de*
« *leur profession.* »

Ces prescriptions paraissent plutôt libérales de la part
d'un gouvernement qui avait eu la malencontreuse idée d'introduire les châtiments corporels dans les troupes françaises.
Et cependant, remarquez que le règlement donne aux soldats
la qualification de *compagnons* et non *d'artisans* de leur fortune et de leur profession. Il y a une nuance sensible. Mais,
d'autre part, comment cette camaraderie de combat pouvait-
elle se concilier avec les châtiments « conformes à la loi » dont
il est question plus haut, et qui évoquent immédiatement
dans les esprits l'idée odieuse de la bastonnade ou des coups
de plat de sabre, ce qui nous semble encore plus révoltant?

Cette contradiction paraît avoir frappé certains officiers
de l'ancien régime eux-mêmes, et vous allez voir une fois de
plus, à cette occasion, la preuve de l'évolution fatale qui porte
les armées à adapter leur esprit aux idées du milieu ambiant.
A la veille de la Révolution, un officier supérieur (1), pénétré sans doute de cette nécessité, a cru devoir rédiger le commentaire suivant, extrait d'une sorte de théorie morale d'un
oncle à son neveu appelé à prendre un commandement dans
l'armée :

« Traitez vos soldats avec humanité; ils sont des *hommes*
« *comme vous;* ayez horreur d'en faire des bêtes de somme
« qu'on ne conduit qu'avec le bâton. Une punition injuste
« ou trop sévère excite l'indignation. Ne vous servez pas de
« mots injurieux pour reprendre vos soldats; il y a d'autres

---

(1) *Essais de principes d'une morale militaire et autres objets*, par
M. de Zimmermann, lieutenant-colonel aux Gardes suisses en 1768 et colonel
de 1769 à 1788. Citations extraites de « L'éducation morale du soldat, d'après
un livre du xviiiᵉ siècle », par le capitaine d'infanterie breveté Juster
(Berger-Levrault, 1900).

« moyens pour leur faire connaître ce qu'ils doivent. Ne leur
« refusez jamais ce qui leur est légitimement dû ; écoutez
« patiemment leurs plaintes, quand elles sont raisonnables, et
« rendez-leur une prompte justice ; s'ils tombent dans des
« fautes, que la correction soit proportionnée ; excusez les er-
« reurs ; c'en serait une bien grande de les punir comme des
« fautes. Prenez garde surtout d'avilir par vos discours l'état
« du soldat ; réfléchissez que c'est vous avilir vous-même ;
« d'ailleurs la décence et la dignité doivent toujours accom-
« pagner les propos d'un homme de qualité ; quoiqu'il y ait
« de la distance entre l'officier et le soldat, elle n'est pas assez
« grande pour vous autoriser à *le traiter en esclave*. Il est
« vrai que l'officier tient le bâton du commandement ; mais
« cette prérogative est plus souvent l'effet du hasard, de la
« faveur ou de la fortune que celui du mérite. Dussiez-vous
« ce grade à votre seule capacité, ne perdez jamais de vue que
« vous commandez *des hommes libres comme vous, que vous*
« *ne pouvez rien exécuter sans leur secours*; que, s'ils sont
« mécontents de vous, ils peuvent être les instruments de
« votre perte et de celle de la victoire, et qu'au contraire, *si*
« *vous avez su vous les affectionner, il n'en est pas un qui ne*
« *prodigue son sang et sa vie pour le succès de vos projets*. »

La même note d'amour et de *dévouement réciproque* se
retrouve dans les admirables conseils du maréchal de Belle-
Isle à son fils, le comte de Gisors, qui trouvera plus tard une
mort glorieuse à Créfeld (1).

« Souvenez-vous que ce n'est pas pour vous que vous avez
« été fait colonel, mais pour le bien du service et l'avantage
« du régiment qui vous est confié ; que la gloire de l'État soit
« donc votre grande préoccupation.

« Si vous réussissez à prouver à votre régiment que vous
« êtes animé par ces motifs, *tous concourront à vos vœux*...
« vous obtiendrez une gloire pure, parce que vous l'aurez
« méritée. »

Et on voudrait faire croire à la jeunesse française que les
officiers d'une armée nationale, républicaine qui — je me
plais à le répéter — se recrutent en immense majorité dans
le peuple, et n'obtiennent leurs grades qu'à force de travail
et de mérite, sont moins humains, plus orgueilleux que ne
l'étaient ces officiers de l'ancien régime, colonels, eux, par
droit de naissance ! Rappelez-vous donc bien ceci : il ne suffit
pas que nos intentions soient pures et exemptes de tout égoïs-
me, de toute mesquine arrière-pensée ; il faut encore que nous

---

(1) Et, également, dans les conférences faites en 1767 par les capitaines du corps royal de l'artillerie au régiment d'Auxonne, où il est
dit : « Quelle plus douce satisfaction que de voir journellement des
hommes qui, contents de leur état, regardent leurs officiers comme leurs
bienfaiteurs. »

fassions pénétrer cette conviction dans le cœur de chacun de nos subordonnés; il faut que nous lui montrions, par la parole et par l'exemple, l'officier tel qu'il est, et non pas tel qu'on le lui dépeint trop volontiers.

Ne craignez donc pas de vous rapprocher du soldat et ne laissez échapper aucune occasion de lui témoigner l'affectueux intérêt qu'il vous inspire. Efforcez-vous surtout de lui donner, à ses débuts, le sentiment qu'il n'est pas isolé dans ce milieu nouveau pour tous, et si étrange pour quelques-uns, qu'est la caserne.

L'habitant des villes, l'ouvrier à l'esprit primesautier, gouailleur, l'étudiant ou l'employé pour lesquels la société est un besoin, auront bientôt fait de s'y habituer; ils se grouperont suivant leurs affinités; pour eux, l'isolement n'est pas à redouter. Mais le petit paysan, l'humble ouvrier de la terre, qui a grandi dans la solitude muette des campagnes aux vastes horizons, pour lequel toute nouveauté est une source d'instinctive méfiance, toute avance une raison de rentrer dans sa coquille, c'est sur lui que devra surtout se reporter votre sollicitude; c'est lui que vous aurez à encourager plus particulièrement. Lorsque vous le verrez, pendant les repos d'exercice, les bras ballants, morne, visiblement en proie à la nostalgie, tirez-le de sa torpeur, parlez-lui familièrement de choses qui l'intéressent et sur lesquelles il puisse vous répondre. Habituez-vous à cette idée que si le commandement de « Rompez vos rangs » suspend momentanément votre activité d'instructeurs, il ne vous libère pas de toute obligation envers la troupe; votre rôle d'éducateurs est de tous les instants. Essayez, et vous ne tarderez pas à trouver un grand charme dans ces entretiens familiers avec le soldat; à la reprise de l'exercice vous serez surpris de son attention et de sa bonne volonté.

A l'ouvrier, né dans la corruption des grandes villes, quelque peu frondeur et sceptique par nature, peut-être même habitué des réunions où l'on bafoue l'idée de Patrie, vous appliquerez des procédés différents, mais toujours bienveillants. Vous le prendrez par l'amour-propre, au besoin par la vanité; il vous sera acquis le jour où il aura compris que vous lui êtes supérieur à tous égards et qu'il vous aura vu donner l'exemple sans cesse ni trêve, et payer de votre personne partout et toujours. Vous entreprendrez ensuite son instruction morale; il sera charmé et séduit lorsqu'il s'apercevra que, loin de vous désintéresser de toutes les questions qui forment le mouvement social, vous êtes à même de le guider et de l'éclairer.

Le troisième élément est fourni par les classes plus instruites ou plus affinées de la société : fils de patrons, de commerçants ou de bourgeois, étudiants ou simplement jeunes fêtards élevés dans l'oisiveté. Ceux-là, vous les prendrez à part; vous leur demanderez résolument et franchement de s'associer à votre œuvre de régénération sociale du pays par l'éducation des masses pendant leur séjour sous les drapeaux, par l'apaisement des esprits, par le réveil des consciences, par la fusion intime de tous ces éléments qui représentent des forces vives, mais dont les efforts mal réglés se contrarient actuellement. Vous leur direz tout cela en termes simples; vous leur expliquerez comment, à la chambrée et partout, ils doivent se faire, avec une persuasion discrète, les éducateurs de leurs camarades moins instruits ou de mœurs moins civilisées. Ils vous comprendront et ne vous marchanderont pas leur concours. Je pourrais vous citer des compagnies où des jeunes gens ainsi stylés avaient pris sur leur entourage immédiat une influence extraordinaire et où ils étaient très fiers de voir les officiers constater les résultats de leur action bienfaisante.

Ainsi vous aurez accompli la première partie de votre programme : vous aurez groupé autour de vous, dans une collaboration étroite et *fraternelle*, toutes les bonnes volontés; il vous restera ensuite à mériter l'estime, le respect sincère et non de commande, l'affection solide de tous ces jeunes soldats. Vous vous élèverez ainsi jusqu'aux sommets de votre mission: « elle impose des devoirs à la mesure de sa grandeur. « C'est par la supériorité continue, éclatante de l'homme tout « entier que le chef peut gagner le cœur et dominer l'intelli- « gence des autres: par ses vertus qu'il peut semer des vertus « dans la nation (1) ».

Vous vous rapprocherez ainsi de ces nobles types de désintéressement et de patriotisme ardent que nous ont légués tant d'officiers de la première République et dont nous ne pouvons évoquer le souvenir glorieux sans une émotion profonde !

Dans l'accomplissement de votre tâche journalière vous trouverez des joies intenses, de celles qui viennent du cœur, et que seuls les conducteurs d'hommes peuvent goûter ; mais des déboires aussi vous attendent : c'est le sort réservé à tous les apôtres. Vous aurez à lutter contre l'esprit de routine de vos cadres inférieurs non encore élevés dans ces idées, contre le scepticisme, voire même contre les railleries de certains de vos camarades ; contre l'indifférence aussi, hélas! de beaucoup de vos chefs.

Dans la cavalerie notamment, vous vous trouverez aux prises avec un préjugé autrefois profondément enraciné, mais qui tend, croyons-nous, à disparaître. Ici, permettez-moi

---

(1) M. Etienne Lamy.

de m'abriter derrière l'autorité d'un homme de cheval, de l'auteur, précisément, de cette magistrale étude sur le rôle social de l'officier, dont nous avons déjà parlé, et qui a si profondément troublé nos consciences d'officiers et marqué le point de départ du mouvement actuel :

« On a soigneusement étudié, disait-il, l'outil : le canon, le « fusil, le cheval, et le moins possible l'ouvrier par qui seul « pourtant vaudra l'outil. Cela est si vrai que dans la cava- « lerie, par exemple, il est extrêmement bien porté de con- « naître beaucoup mieux ses chevaux que ses hommes ; nous « pourrions citer quantité de jeunes officiers qui se piquent « — et en cela il faut grandement les louer — de connaître « à fond les 35 chevaux dont ils ont la direction, les moindres « particularités de leur nature, de leur tempérament, de leurs « origines, de leur caractère, mais semblent tout fiers d'ajou- « ter ensuite : — Quant à mes hommes, je ne puis retenir « leurs noms ; c'est un genre de mémoire qui me manque ! — « Et s'il ne s'agissait que de noms ! Mais allez leur demander « de vous donner sur ces hommes, sans même les nommer, à « la vue, le dixième des renseignements qu'ils vous ont donnés « sur leurs montures, et vous verrez ce que vous en tirerez, « à moins qu'ils ne concluent par un : « du reste, ce sont « des brutes » qui coupe court à tout. Et, ce qu'il faut pro- « clamer, c'est que cette ignorance ne résulte pas, comme ils « affectent de le dire et voudraient le faire croire, d'une « structure spéciale de leur cerveau favorable aux notions et « aux images hippiques, et rebelle aux notions et aux images « humaines, mais bien de ce que tous leurs regards, toutes « leurs observations, tous leurs soins, tout leur intérêt en un « mot, sont pour les uns et non pour les autres. Loin de nous « la pensée de les détourner d'une étude si consciencieuse et « si approfondie de leur outil professionnel, mais, pour Dieu ! « qu'ils songent d'abord que, s'ils n'ont avant tout formé le « moral de l'ouvrier et conquis son cœur, ils auront peut-être « grand'peine à maintenir ferme sous le feu, face au danger, « ce soldat de deux ans de service, quelque complète, d'ail- « leurs, que soit son instruction technique. »

On ne saurait mettre en lumière, d'une façon plus évidente, les néfastes conséquences de ce préjugé qui consiste, dans la cavalerie, ou plutôt chez certains jeunes officiers de cavalerie, à ne juger digne d'intérêt que le cheval. Laissez-moi cependant apporter ici un témoignage personnel. Lors d'un de mes stages dans la cavalerie, j'étais chargé, notamment, de la di- rection de l'ordinaire d'un escadron. Au bout de deux jours de manœuvres, je me suis aperçu, à ma grande stupéfaction, que les cavaliers, pour ne pas avoir la peine de faire la soupe, échangeaient régulièrement la belle et bonne viande qu'on leur avait distribuée, contre de la charcuterie. Et quelle charcuterie! des produits fabriqués spécialement pour la troupe et qui avaient traîné des journées entières dans la poussière du marché! Je rendis compte de ce fait au capitaine commandant, ainsi que des mesures énergiques prises pour en empêcher le renouvellement. « Laissez donc, me fut-il répondu : cela s'est toujours fait en manœuvres. *Pourvu que les chevaux soient bien pansés!* »

Quelle erreur prodigieuse, Messieurs, de croire que des cavaliers anémiés par une nourriture malsaine et trop paresseux pour allumer le feu puissent avoir la force et le courage de bien soigner leurs montures!

Dans l'infanterie, vous vous heurterez à des résistances d'un autre ordre : les vieux rééditeront à votre intention une antique rengaine attribuée à un adjudant-major, prototype du parfait militaire : « Il faut donner aux soldats tout ce qui leur revient, *surtout en fait de salle de police.* »

D'autres, qui se piquent, eux, d'être des esprits forts, vous diront : « La France est la terre classique des mystifications « faciles, surtout en matière de sentiment, et celle dont vous « nous parlez là, avec votre rôle social de l'officier, en est une « colossale. Se rapprocher du troupier, être pour lui un frère « aîné, un tuteur attentif, un que sais-je encore, a-t-on idée « de fumisteries pareilles! Les sentiments du subalterne, vous « ne les changerez pas; le Fabuliste les a définis : « Notre en« nemi c'est notre maître ». La discipline sans phrases, l'obéis« sance passive, la crainte des punitions, telle est la force prin« cipale des armées! »

Les camarades qui vous tiendront ce langage connaissent le chapitre de la subordination, mais sûrement ils n'en ont pas pénétré l'esprit. Faites-leur honte, à ces officiers de la République, à ces fils, peut-être, d'humbles ouvriers ou de modestes fonctionnaires, en leur citant les paroles suivantes, qu'un officier de l'ancienne armée royale publiait, en 1769, au retour d'un voyage en Allemagne :

« Chez les nations où, depuis près d'un siècle, on perfec« tionne la discipline, j'ai vu les officiers dans les chambres de « leur compagnie, se dépouiller de leur autorité pour con« verser familièrement avec les soldats : ils s'informaient « affectueusement de leurs affaires de famille, de leurs petits « intérêts; j'étais si touché du plaisir de trouver des hommes « que les larmes m'en venaient aux yeux; l'amour brillait « sur tous les fronts; ces braves gens s'empressaient de té« moigner leur reconnaissance; ils entouraient leur capi« taine..... Le son du tambour les rassemblait-il sous les dra« peaux? Les officiers reprenaient le ton ferme sans être dur.

« et les soldats y paraissaient fiers comme des lions, immobiles
« par devoir, obéissants par affection (1). »

Vous pourrez leur citer aussi, à ces officiers qui se disent
respectueux de la tradition, l'exemple de l'armée du premier
Empire où chaque soldat avait le droit de parler à son empereur. Les revues se passaient toujours au port d'armes.
Tout soldat qui voulait être entendu n'avait qu'à présenter
les armes au moment où l'Empereur passait devant lui. Il
n'était ensuite au pouvoir de personne de l'empêcher d'être
admis à une audience particulière. On n'en abusait, du reste,
pas, car, à cette époque extraordinaire, nul ne se serait avisé
de demander la croix sans pouvoir justifier d'une bonne demi-
douzaine de blessures ramassées aux quatre coins de l'Europe !

Et pourquoi des procédés aussi humains — nous allions
dire aussi démocratiques? — C'est que les officiers de ce temps-
là savaient fort bien, et autrement que par ouï-dire, qu'on
ne mène pas les hommes à la mort sans se les être attachés
par des liens plus solides que la crainte des punitions. Lisez
leurs mémoires et vous serez convaincus que, pour gagner
le cœur du soldat français, il faut se donner tout entier,
moyennant quoi, si l'on est juste, on peut être aussi sévère
que l'exige le maintien de la discipline. C'est ce que fit Curély, par exemple, et jamais chef, dit le général Thoumas,
son biographe (2), ne fut mieux écouté, mieux obéi, plus
estimé, plus aimé.

Voyez ce portrait du colonel Chamorin, tel que l'a tracé
le colonel de Saint-Avoye, qui fut un de ses subordonnés du
26e dragons : « Père de ses soldats, ami de ses officiers, juste,
sévère dans le service, lion sur le champ de bataille, et, en
même temps, l'homme le plus doux dans ses relations particulières, le plus brave, le plus beau de son régiment, respecté
et chéri de tous, voilà les impressions ineffaçables qui restent
encore dans le cœur de tous ceux qui ont eu le bonheur de
servir sous ses ordres. »

L'amour que Lasalle portait à ses cavaliers lui faisait faire
des folies :

En 1809, il accourt d'Espagne à Vienne et apprend, en
arrivant, que son régiment, le 10e hussards, est cantonné à
une dizaine de lieues de là. Il laisse tout son monde, saute
à cheval au milieu de la nuit et court vers le cantonnement
pour serrer la main à ses hussards et trinquer avec eux.

Déjà, en 1805, voyageant d'Agen à Boulogne avec ce même
10e hussards, il s'était détourné de son chemin pour aller vi-

---

(1) Lieutenant-colonel de Zimmermann, déjà cité.

(2) Général Thoumas : *Les Grands cavaliers du premier Empire.*

siter le 22° chasseurs qu'il avait commandé en Egypte. Il arrive à Niort, dîne avec ses anciens officiers, se rend au spectacle avec eux, reconnaît sur la scène, parmi les figurants, quelques-uns des chasseurs avec lesquels il avait fait une si belle et si rude campagne ; il les appelle : « A moi, chasseurs ! » et ils accourent à sa voix, habillés en Romains et en Grecs..... Le spectacle fut interrompu (1).

Ce n'était peut-être pas très correct, même pour l'époque, et je ne vous engage pas, Messieurs, à pousser aussi loin l'amour du troupier ; mais cette anecdote vous montre que les généraux de cette glorieuse époque étaient loin d'avoir vis-à-vis de leurs compagnons d'armes la morgue et le dédain qu'affichent beaucoup trop de jeunes officiers de nos jours. Il est vrai que ceux-ci ont pour excuse de n'avoir fait que passer des examens à un âge où leurs anciens avaient gagné des batailles.

Ayez donc cette conviction profondément enracinée dans vos esprits, que le soldat français ne vaut tout son prix que lorsque ses chefs s'occupent de lui et le traitent avec cette cordialité des Lasalle, des Curély, des Chamorin, qui n'exclut pas la fermeté dans le commandement. « Les Allemands, a « écrit Marmont, ont eu souvent des succès avec des chefs « médiocres. Les Français valent dix fois leur nombre avec « un chef qu'ils estiment et *qu'ils aiment*. Ils sont au des-« sous de tout avec un général qui ne leur inspire ni estime, « ni confiance. »

A toutes les époques de notre histoire militaire *où les officiers* ont perdu de vue cet axiome et *se sont tenus éloignés du soldat, la patrie en a souffert et le succès s'en est trouvé compromis.*

En 1793, Hoche, en prenant le commandement en Alsace, est violemment indigné en apprenant que des officiers de l'armée du Rhin vivent à l'écart et font la fête à Strasbourg pendant que leurs soldats couchent dans la boue au contact de l'ennemi. Par quelques exemples terribles, il fait rentrer tout le monde dans la voie du devoir et de l'honneur, et dès lors la victoire nous sourit.

A près de cent ans de distance, un autre patriote, Gambetta, se voit obligé de rappeler à tous les principes qui, dans les armées françaises, doivent régler les rapports entre officiers et soldats. Dans une circulaire parue malheureusement trop tard, le 25 janvier 1871, il s'exprime ainsi : « L'ensemble « des observations que j'ai recueillies me démontre une chose : « c'est que l'officier ne *vit pas assez avec le soldat et ne s'oc-« cupe pas assez de lui.*

---

(1) Général Thoumas.

« Contrairement aux prescriptions de décrets et d'arrêtés
« récents, on voit les officiers logés en ville alors que les sol-
« dats sont au camp sous la tente. Pendant le jour très peu de
« contact entre eux; leur existence est, pour ainsi dire séparée:
« *on dirait deux classes différentes. Il n'en doit pas être ainsi :*
« *l'officier doit être l'ami et le tuteur du soldat.*

« Pour leur faire accepter l'autorité sévère dont la loi l'a
« investi, il doit leur montrer sa sollicitude constante pour
« leur bien-être et pour leur moral; pour les aider à supporter
« les privations il doit les supporter lui-même et leur donner
« l'exemple. Il ne suffit pas d'être à leur tête le jour du com-
« bat; c'est là un devoir familier à l'officier français; mais
« il doit être constamment à côté d'eux dans la vie obscure
« du camp, dans les labeurs de la marche; en un mot, dans
« les situations variées où le soldat a besoin d'être soutenu et
« réconforté par la présence de ses chefs... »

Plus loin, Gambetta, avec une connaissance très juste du
caractère français, engage les généraux à parler à leurs troupes, à l'occasion des revues qu'ils passeront : « *C'est en vous*
« *adressant souvent à elles,* dit-il, *en leur faisant entendre des*
« *paroles qui vont à leur cœur,* que vous conquerrez graduel-
« lement sur vos troupes cet ascendant grâce auquel vous
« pourrez plus tard leur faire braver la mort et les priva-
« tions (1). »

Vous entendrez parfois, dans vos régiments, des camarades d'un zèle... relatif excuser leur répugnance à entrer en
contact avec le troupier par le sophisme suivant : « Le pres-
« tige de l'officier n'a rien à gagner à la fréquentation trop
« répétée du soldat. Moins on voit l'officier à la caserne, mieux
« cela vaut et plus il y produit d'impression lorsqu'il s'y
« présente à de longs intervalles ».

L'histoire est là pour nous apprendre au contraire que le
meilleur moyen de donner de la cohésion aux troupes et de
relever leur esprit militaire consiste à les faire vivre dans les
camps, au contact continuel de leurs officiers. « Oui, c'est par
« le campement, a écrit un officier général, que M. Thiers,
« alors Président de la République, a refait, après la Commu-
« ne, avec une rapidité presque merveilleuse, notre armée si
« éprouvée. L'expérience du printemps de 1871 sera un jour
« citée par les historiens comme un trait de génie. »

« Nous pouvons citer un exemple bien plus frappant en-
« core : la plus belle et la meilleure armée de Napoléon Ier
« n'était-elle pas celle qui s'était formée au camp de Boulo-
« gne? Officiers et soldats, *soudés ensemble par la vie commu-*
« *ne,* ne faisaient qu'un tout solide et compact, et cette force,

____

(1) Circulaire citée par le capitaine H. Choppin dans le *Spectateur militaire*
de mai 1890.

« admirablement organisée, marcha de victoire en victoire,
« depuis les bords de l'Océan jusqu'au plateau d'Ulm (1). »

Ce n'est pas seulement avec des phrases qu'on fait marcher
le soldat; c'est en s'occupant activement de son bien-être
matériel que l'officier conquiert son affection. Certes les cris :
« Pas d'argent pas de Suisses; misère en Prusse; pas de pain,
pas de lapins »; ou encore : « Pas de soupe pas de soldats », sont
des cris séditieux; mais, dans combien de circonstances n'ont-
ils pas été provoqués par l'indifférence et le manque de solici-
tude du chef! Ces cris, on les entendait parmi les troupes du
siècle dernier; on n'eût pas osé alors les faire manœuvrer le
31 du mois, parce que, ce jour-là, elles ne recevaient ni solde
ni pain. Nous n'en sommes plus là; mais n'oublions pas que
ce n'est pas seulement le 31 du mois que le troupier a faim;
en toutes circonstances, nous avons le devoir d'assurer le plus
confortablement possible la satisfaction de tous ses besoins.

Explique qui pourra cette étrange contradiction qu'on trouve dans le caractère français : d'un côté, un esprit vif et ouvert
à toutes les conceptions généreuses; de l'autre des habitudes
de routine telles qu'elles n'existent au même point dans aucune autre armée. Elles se manifestent principalement dans
l'adoption des mesures propres à donner aux soldats du service universel un bien-être en rapport avec les besoins de con-
fortable des sociétés modernes. L'évolution, sous ce rapport,
est continue, parce qu'elle s'impose, mais la réalisation des
réformes ne se fait qu'au prix d'efforts patients et prolongés.
Voyez ce qui s'est passé pour l'alimentation.

Vos officiers généraux ont connu les temps où les soldats
mangeaient au même plat, y trempant à tour de rôle leur
cuiller en bois, peut-être même ceux où ils couchaient à deux
dans le même lit — d'où l'expression de camarades de lit.
Vos officiers supérieurs ont vécu les temps où le troupier, à
cheval sur le pied de sa couchette, dégustait sa gamelle posée
entre ses jambes, sur un morceau de papier — la serviette
est d'introduction plus récente. A cette époque, il y avait
bien, comme aujourd'hui, des tables, mais faites pour être
continuellement astiquées et jamais salies, « de sorte que le
« repas qui, dans la classe laborieuse d'où sortaient les sol-
« dats, était à la fois le plaisir et le repos des plus pauvres,
« était, dans la caserne, une corvée de plus (2) ». *Vos capitaines* ont inauguré les premiers réfectoires et combattu le
bon combat dans cette lutte homérique qui a assuré la victoire définitive du repas varié sur la soupe traditionnelle. Le

---

(1) Compant : « Considérations sur la valeur morale de l'armée », *Spectateur
militaire* 1878.
(2) M. Etienne Lamy.

rôti aux pommes, réservé, aux débuts de l'évolution, pour le jour de l'inspection générale, a sa place sur tous les menus. Vous, *Messieurs*, vous verrez, cela ne fait pas de doute, le jour où, comme tout le monde dans notre beau pays de France, le soldat boira du vin à table..... une fois par jour, pour commencer.

Le ministre ne vient-il pas déjà d'autoriser les chefs de corps à en constituer des approvisionnements, de manière à permettre aux ordinaires de bénéficier de la baisse de prix occasionnée par la mévente? Fini, le temps où les cantiniers se retiraient après fortune faite, et où ils mariaient leurs filles à des fonctionnaires.

Occupez-vous donc avec sollicitude du bien-être de vos hommes et ne craignez pas d'aller trop loin dans cette voie : les modiques ressources que l'État met à votre disposition ne vous permettront jamais d'enfreindre cette maxime essentielle que la graisse est l'ennemie du militaire, maxime basée elle-même sur cette vérité historique, que les meilleures armées de l'Europe ont toujours été des armées maigres.

Le même esprit de routine a laissé subsister, dans la plupart des garnisons, l'exode qui, tous les soirs, vide les casernes au profit des cabarets borgnes. Cette question du danger des « heures mauvaises » qui suivent la soupe du soir et ne finissent qu'avec l'appel, et des moyens propres à en obtenir progressivement la suppression, a été traitée de main de maître par M. Étienne Lamy (1). Malgré la longueur de la citation, nous tenons à mettre sous vos yeux ses réflexions si justes et si souvent commentées depuis :

« Tout le jour, sous l'œil de leurs chefs, les soldats vivent préservés par les exemples, les conseils et l'activité saine de leur vie. Mais le soir vient, avec lui la liberté : après le repas de cinq heures et jusqu'au coucher, les portes des casernes et des quartiers sont ouvertes. Le conscrit d'ordinaire ne songerait pas à sortir, il ne désire que se reposer, libre de lire, d'écrire aux siens, de causer, de jouer avec ses camarades, car la vie commune prolonge l'enfance. Encore faut-il, pour satisfaire ses désirs, si simples soient-ils, quelques livres, quelques jeux, quelques tables, un lieu éclairé la nuit et chaud en hiver. Où est-il dans la caserne? Le seul où le conscrit ait place, sa chambre, est mal éclairée, sans feu, il est impossible d'y lire, les conversations même y meurent dans l'ombre et le froid qui en chassent les hommes. Où iront-ils? Hors du bâtiment noir, vers la lumière et la chaleur que leur propre demeure ne leur donne pas. Les voilà dans la ville, et où dans la ville? Les débits de vin et les cafés recueil-

---

(1) *Revue des Deux-Mondes* du 15 mars 1894, page 444.

lent ceux que la caserne n'a pas su retenir. Ils y entrent, attirés non par la soif, mais par le besoin de se trouver à couvert, de s'asseoir. Mais il leur faut payer cette hospitalité, ils boivent donc, tout d'abord avec regret à cause de la dépense, puis avec plaisir. Le lendemain, ramenant avec la nuit le même vide dans la caserne, chasse de nouveau les hommes vers ce plaisir qui devient habitude. Puis le vin délie les langues, échauffe le sang, ils se laissent conduire dans d'autres maisons chaudes et closes, les seules où, par une ironie étrange, ils retrouvent le sentiment du chez-soi et comme une impression du foyer. Bientôt, ils y retournent d'eux-mêmes, ils y apprennent la science de la débauche, en attendant que quelques-uns d'entre eux deviennent possédés par elle.

« Si les soldats trouvaient dans la caserne les distractions avouables qu'ils sont obligés de chercher dehors, n'iraient-ils pas les prendre où elles sont plus proches, moins coûteuses? Et si cet attrait ne retenait pas ceux qui, de propos délibéré vont à la débauche, ne préserverait-il pas ceux qui s'y laissent glisser sur la pente des occasions? L'expérience valait d'être tentée. Quelques chefs de corps, secondés ou sollicités par le zèle de quelques officiers, ont dans leurs casernes ou leurs quartiers su rendre libres quelques locaux, les ont aménagés, éclairés, chauffés, meublés de livres, de jeux, parfois d'un billard, les ont ouverts à leurs soldats. Ils ont fait plus, ils s'y sont rendus eux-mêmes dans la familiarité d'une réunion volontaire où les chefs venaient aux petits, seulement hôtes dans le chez-soi donné par eux à leurs soldats, y apportant, au lieu de punitions et d'ordres, la sollicitude pour le repos et pour la joie de tous. Les résultats ont été extraordinaires. Les sorties sont devenues plus rares. Les hommes restent, satisfaits de se reposer et de se distraire sans se déplacer, sans endosser l'équipement qui les gêne, avec économie sur des dépenses qui les gênent encore plus; surtout, ils sont fiers de l'intérêt qu'ils inspirent, et les officiers sont payés de leurs peines par la récompense que le soldat accorde à ses chefs « ce regard de confiance et de remerciement auprès duquel, disait le maréchal Bosquet, tout le reste n'est rien ».

« Il est temps qu'on fasse partout pour la moralité du soldat comme on a fait pour sa nourriture, et que l'initiative ingénieuse des chefs réforme une trop ancienne erreur. Il ne faut plus que le soldat soit chassé de la maison par l'ennui, par le froid, par le vide, et jeté sur le pavé glissant des villes aux heures dangereuses. Sans doute il ne sera pas facile de rendre la maison hospitalière. Nos constructions militaires porteront témoignage contre nous dans l'avenir. Nos descendants ne voudront pas comprendre que dans ces immenses demeures où tout est prévu pour le travail, l'alimentation, le sommeil, la maladie des hommes, rien n'ait été réservé pour leur délassement et leur vie sociale. Mais en attendant les constructions de l'avenir, où cet oubli sera réparé, même dans les bâtiments actuels on réussira à aménager un abri pour les loisirs du soldat, à marquer au moins la place d'une grande institution. Les éléments de succès existent, il ne s'agit que de les grouper. De même qu'aujourd'hui on emploie à la puissance militaire des ressources créées par la société civile, il n'y a qu'à employer aux plaisirs des soldats des ressources toutes faites. Quelles distractions vont-ils demander, même aux concerts et aux spectacles, qu'ils ne puissent se donner eux-mêmes? Dans leurs rangs, on compte des musiciens, des chanteurs, des débitants de monologues, des faiseurs de vers et des faiseurs de tours; voilà la matière vivante de l'intérêt, de la curiosité et du plaisir pour bien des heures. Et pourquoi ne dresserait-on pas de temps à autre un de ces théâtres militaires que nos troupes ont tant de fois improvisés dans la boue des sièges, dans la rapidité des campagnes et qui maintiennent dans notre courage, comme une force, le bon rire?

« Quand on aura ainsi pourvu sur place à l'honnête distraction des soldats, on aura le droit de restreindre la longueur et la fréquence des sorties. On sera large pour toute permission motivée, moins facile à l'étendre sans raison aux heures tardives, peu favorable à l'exode sans but qui tous les soirs vide les casernes. La faculté qu'on accorde aux hommes de courir chaque soir la ville est une tradition de l'ancienne armée. Des soldats enfermés pour de longues années, un grand nombre pour toute leur vie, dans la caserne, avaient besoin de s'en échapper quelques heures chaque jour pour qu'elle ne leur devînt pas intolérable. L'esprit de ces vieilles troupes et la rivalité qui existait entre le militaire et le civil les rendaient peu accessibles aux influences contraires à la discipline. Ce repos n'était pas seulement créé pour les soldats, il était aussi créé pour les chefs Quand le commandement avait assez exercé et fatigué la troupe, il ne pensait pas qu'il eût plus rien à donner ni à obtenir. En la poussant hors des casernes il songeait moins à la rendre libre qu'à se libérer d'elle, durant quelques heures. Ni les hommes ni les devoirs ne sont aujourd'hui les mêmes. Ne parlons pas de droits : les hommes en ont-ils plus à cette sortie quotidienne que les jeunes gens de leur âge enfermés à Saint-Cyr ou à l'École polytechnique et soldats comme eux? On la refuse à ceux-ci, même aux heures de récréation, pour la raison qu'elle nuirait à leurs études. Les soldats d'aujourd'hui restent si peu de temps au service qu'il y a moins à tempérer pour eux la monotonie de la captivité; il y a à employer ce temps de la manière la plus utile pour leur formation. Or, sans examiner si par un autre ordre de travail on ne pourrait pas consacrer à l'étude quelques-unes des heures aujourd'hui vides, il y a des inconvénients évidents à ce que ces heures s'écoulent dehors. Outre ceux dont nous avons parlé, les retards dans les rentrées, les rentrées en état d'ivresse accroissent dans une proportion sensible les punitions ; il y a là des fautes pour ainsi dire *artificielles*, nées de tentations auxquelles de mauvaises mesures exposent le soldat. Mais surtout le contact quotidien de ces soldats non formés encore avec le genre de population qu'ils rencontrent dans les lieux où ils fréquentent, est un danger pour l'esprit militaire. C'est dans la promiscuité des cabarets et des maisons mal famées qu'on lui souffle la haine de ses chefs, le mépris de la discipline, là que la propagande anarchiste le guette. Si bien que chaque soir détruit une partie de l'œuvre élevée chaque jour par l'effort des chefs. »

On ne saurait mieux dire, ni plus justement. Il est toutefois, dans cette question des « heures mauvaises » du soldat, un autre point de vue qu'un militaire de profession ne peut négliger. Dans plusieurs garnisons, des associations religieuses ou civiles ont offert aux soldats, sous le nom de cercles, ce que l'Etat ne leur a pas encore concédé : un local et des jeux variés ; on a même poussé parfois la sollicitude jusqu'à tenir, pour les familles, la comptabilité d'un argent de poche mesuré par petites sommes hebdomadaires. Là où l'autorité militaire s'est émue de cette sorte de mise en tutelle des soldats, les associations en question ont protesté de la pureté de leurs intentions et ont affirmé qu'elles s'interdisaient toute arrière-pensée politique ou même religieuse, ce qui n'a pas empêché d'autres cercles, d'intentions tout aussi correctes, de se fonder en face, sous les auspices de ministres d'autres cultes. A cet accaparement du soldat nous devons voir, nous officiers, de sérieux inconvénients, car il n'est pas bon que, dans notre mission d'éducateurs, nous ayons des collaborateurs anonymes, sortes de maîtres répétiteurs d'externats surveillés. Charbonnier, dit le proverbe, aime à être maître chez soi et il n'est chef de corps qui ne s'indigne à l'idée de voir ses actes de commandement faire l'objet de conversations quotidiennes auxquelles prennent part des personnes étrangères à la famille militaire (1).

Il faut d'ailleurs reconnaître que cette tendance, de la part de personnes étrangères à l'armée, à s'occuper de l'éducation morale du soldat trouve une excuse dans le peu de zèle et de souci que les officiers ont montré jusqu'ici à s'en acquitter

---

(1) Il va de soi qu'il n'est pas question ici des centres de réunion tels que le « Foyer du Soldat », organisés sous les auspices de l'autorité militaire elle-même, et où les officiers ont toujours accès et possibilité de contrôle.

eux-mêmes. Tous les esprits éclairés s'accordent à admettre qu'après l'école ou le collège, les jeunes Français doivent recevoir les bienfaisants effets de ce qu'on a appelé l'action post-scolaire. Un de nos derniers ministres de l'instruction publique, s'adressant aux délégués de l'enseignement primaire, en a très nettement établi la nécessité : « Une République, disait-il, qui prendrait son parti de laisser l'éducation civique, politique et sociale à l'état d'influence superficielle et passagère, s'exerçant sur l'enfant et non sur l'homme, commençant et finissant avec l'école élémentaire, sans racine dans l'âme et sans portée pour la vie, cette République-là peut avoir les formes et les cadres de la vie politique, elle n'a pas la vraie vie : elle n'a pas cette force sacrée qui fait les grands peuples en faisant les grands citoyens. Le pays qui néglige ce problème-là, quand même il aurait résolu tous les autres, a négligé de se procurer la seule chose nécessaire..... »

Cette éducation morale, il appartient à l'instituteur d'en déposer les premiers germes dans l'esprit et dans le cœur des enfants, mais ce n'est que plus tard que nous pourrons vraiment les faire fructifier. La mission qui revient au personnel enseignant n'a pas toujours été envisagée ainsi ; l'époque n'est pas très éloignée de nous où, sous la direction de leurs instituteurs, les jeunes Français, groupés en bataillons scolaires, jouaient aux soldats, alors que, dans les écoles allemandes de cadets destinées cependant à former exclusivement de futurs officiers, on n'eût pas trouvé un seul fusil, même de bois (1). On est revenu depuis, de cet engouement, et on a compris que le développement des muscles par la gymnastique et par la pratique des jeux sportifs est une tâche suffisante pour les éducateurs de la jeunesse. Nul doute que les avantages considérables accordés récemment par le Ministre de la guerre aux conscrits anciens élèves diplômés des sociétés de gymnastique et de tir ne soient pour elles un précieux encouragement. Si, avec cela, les instituteurs apprennent aux enfants le respect de l'autorité, et leur inculquent cette idée que l'immortelle déclaration des *Droits* de l'homme a sa contre-partie nécessaire dans l'accomplissement des *devoirs* envers la Patrie, ils auront rempli leur rôle. Des hommes qu'ils nous livreront, nous nous chargerons de faire en même temps et des soldats et de futurs citoyens.

A différents indices il est d'ailleurs facile de s'apercevoir de l'action bienfaisante de l'enseignement civique prépara-

---

(1) Cette curieuse observation a été faite par M. J.-J. Weiss dans son ouvrage *Au pays du Rhin* (Charpentier, 1886) et citée dans le « Rôle social de l'officier » de la *Revue des Deux-Mondes* du 15 mars 1891.

toire donné depuis quelques années dans les écoles primaires. Observez une foule sur le passage d'un régiment ; presque tout le monde se découvre devant le drapeau et, fait significatif, ce sont les jeunes garçons qui donnent l'exemple. Dans une commune de la Vendée que je pourrais vous citer, certain régiment trouve chaque année, à son passage pour se rendre aux feux de guerre, les enfants de l'école primaire correctement alignés sous la direction de leur instituteur, et le commandant de la colonne se fait un devoir, chaque fois, de rendre du sabre le salut que cette jeunesse si bien dressée adresse avec un ensemble touchant au Drapeau qui passe. Dans l'Est, où les populations sont en rapports intimes et constants avec l'armée, on peut assister tous les jours à des scènes aussi réconfortantes. Qu'on ne vienne donc plus nous raconter que l'instituteur dépose dans l'âme des jeunes gens la haine de l'armée ; ce procédé de discussion, nous le connaissons ; il est d'usage courant, hélas ! et consiste à prendre un fait isolé pour le généraliser et incriminer toute une corporation. Combien de fois ne l'avons-nous pas vu appliquer à nos sous-officiers !

Voici, d'après le programme approuvé par M. le Ministre de la guerre, quelques-uns des thèmes sur lesquels peut s'exercer utilement le préceptorat intellectuel et moral de l'officier.

A. *Thèmes militaires et patriotiques.* — L'historique du régiment, de la ville, de la province. — Relations d'actes d'héroïsme inspirés sur le champ de bataille ou dans la défense des places par le dévouement au drapeau et l'amour de la patrie.

B. *Thèmes civiques.* — Le respect de la loi, les devoirs de tout citoyen envers la patrie et, au premier rang de ces devoirs, celui de la défendre. — Le service universel, conséquence nécessaire de ce devoir.

C. *Thèmes économiques.* — Notions sur l'agriculture et sur l'industrie de la région. — Notions sur l'empire colonial de la France ; ses productions ; ses ressources ; la colonisation ; avantages que le pays, que le colon lui-même y trouvent. — L'alcool ; les ravages qu'il exerce ; urgente nécessité de combattre ce fléau. — Notions élémentaires d'hygiène et de médecine usuelle appropriées à la condition du soldat.

D. *Thèmes moraux.* — Le respect de l'uniforme ; les idées dont le drapeau est le symbole. — La guerre ; ce qu'elle était autrefois ; ce qu'elle doit être aujourd'hui. — Que la guerre ne saurait plus être, de notre temps, accompagnée d'actes de cruauté ou de pillage qui seraient la négation même des principes généreux et humains que la France revendique comme siens. — Les guerres coloniales ; le devoir de justice

et d'humanité d'un peuple civilisé et de ses soldats envers les
habitants des pays qu'il conquiert pour y coloniser.

Parmi les matières que concernent ces thèmes de conférences ou plutôt d'entretiens sans prétentions, beaucoup
vous sont familières ; les bibliothèques de garnison vous four-
niront, à cet égard, tous les éléments de travaux d'hiver in-
téressants. En revanche, d'autres, notamment celles concernant l'agriculture et l'industrie vous sont, pour le moment,
totalement étrangères ; mais ne vous effrayez pas de cette
ignorance ; elle est commune, hélas ! à presque tous les officiers, car si notre expansion coloniale commence à intéresser
sérieusement beaucoup de nos camarades de l'armée, rares
encore sont les esprits qu'attirent les questions économiques
et sociales, auxquelles est cependant lié l'avenir des sociétés
modernes.

Pour vous documenter à cet égard, vous n'aurez qu'à vous
adresser à l'une quelconque des sociétés départementales ; on
se fera certainement un plaisir de vous indiquer les ouvrages
spéciaux que vous pourrez consulter avec profit, et de vous
donner en même temps d'utiles indications sur les limites
qu'il convient d'assigner à votre activité. J'imagine, en effet,
que ce qu'on attend des officiers sous le rapport de l'agriculture, ce n'est pas l'enseignement de la greffe des arbres, mais
simplement quelques notions sur les bienfaisants résultats
que donne l'emploi des engrais chimiques et des machines
agricoles de plus en plus perfectionnées. Si vous parvenez à
déraciner dans l'esprit de nos jeunes paysans quelques-uns
des préjugés qui s'opposent encore, dans les campagnes, à la
vulgarisation des procédés nouveaux de la culture intensive,
vous aurez rendu à votre pays un service très appréciable, en
même temps que vous aurez complété votre propre instruction, par l'assimilation de notions aussi utiles qu'intéres-
santes.

Pour ce qui est de la lutte contre l'alcoolisme pour laquelle
on nous demande notre concours, votre besogne est toute pré-
parée : les sociétés qui se sont créées dans ce but ont eu, en
effet, l'heureuse idée d'adresser à tous les chefs de corps des
brochures et des tableaux de démonstration qui vous seront
d'un grand secours (1).

En ce qui concerne l'industrie de la région où vous tiendrez
garnison, bien des propriétaires d'usines seront certainement
heureux de vous donner toutes facilités pour des visites col-

---

(1) Demandez notamment le catalogue de la *Société nationale des Conférences populaires*, 13, place de la Bourse, à Paris, autorisée par le Ministre
de la guerre (B. O. 1901, 2 vol., n°s 25 et 27).

lectives aussi profitables à vos hommes que celle que vous avez faite vous-mêmes à l'atelier de construction de Puteaux.

Nous avons jusqu'ici essayé d'établir l'opportunité et de définir le caractère de l'éducation nouvelle que le soldat doit recevoir pendant son séjour sous les drapeaux. Il nous reste à examiner quels seront, pour l'armée et pour la nation, les résultats de cette œuvre d'adaptation de l'esprit militaire aux aspirations démocratiques de la société contemporaine.

D'abord, aux yeux du soldat, l'autorité morale du chef se trouvera considérablement grandie. Mieux instruit de ses obligations, en comprenant la raison d'être, sûr d'ailleurs de trouver toujours dans ses supérieurs des guides bienveillants, le subordonné donnera au devoir d'obéissance une adhésion plus sincère et, par suite, moins sujette aux défaillances. Il sera pénétré de cette idée que la hiérarchie est indispensable et nullement incompatible avec le principe d'égalité, de même que l'ordre est nécessaire à l'exercice de la liberté. Vous ne feriez admettre à aucun Français, à l'aurore du vingtième siècle, que le hasard de la naissance soit suffisant pour donner aux hommes le rang qu'ils doivent occuper dans la nation ; mais il comprendra très bien qu'il existe une aristocratie de l'intelligence et de la vertu, la seule belle et la seule juste, parce que les progrès de l'instruction publique la rendent accessible à tous, à l'enfant du pauvre, aussi bien qu'à celui du riche.

Vous voyez de suite les conséquences qu'un pareil état d'esprit entraînera, *en matière de discipline*. Consentie plus librement, celle-ci, tout en restant intacte, se rapprochera de son idéal : la persuasion substituée à la répression, qui restera réservée aux incorrigibles et sera d'autant plus sévère qu'elle aurait pu être plus facilement évitée. Car, on ne saurait trop le répéter, il ne s'agit nullement pour nous, officiers, d'abdiquer aucune de nos légitimes exigences, ni surtout d'organiser la faillite du principe d'autorité. L'obéissance continuera donc à rester conforme aux règles immuables inscrites au frontispice des règlements ; mais ce sera une obéissance complète, ardente, dévouée, la seule capable de rendre une armée forte, la seule susceptible de maintenir sous le feu — et quel feu ! — des hommes sur lesquels la crainte des punitions n'aurait plus aucune action. Au jour du combat, la gratitude que nous aurons semée pendant la paix dans le cœur de nos soldats, réservistes de demain, engendrera ces vertus qui font la victoire : la fidélité, la persévérance, l'amour violent de la patrie, le dévouement jusqu'à la mort aux chefs, aux camarades et au drapeau !

Mais, pour en arriver là il faut, de toute nécessité, que nous modifiions non pas les principes mêmes sur lesquels repose la discipline dans l'armée, mais l'idée que nous nous faisons de leur application.

Vous entendrez souvent, dans les milieux militaires, vanter la discipline des Allemands, et proclamer avec assurance qu'elle est plus forte que chez nous. D'abord, cela n'est pas exact : ce n'est pas la discipline qui est plus forte chez nos voisins, mais la répression ; et si la répression est forte, c'est que le sentiment du devoir est faible. Savez-vous combien il se présente en moyenne, par an, de déserteurs dans nos places frontières de l'Est? près de 400 !

Et puis, s'il est un sujet où l'on doive se défier de ce fâcheux esprit d'imitation qui nous a déjà fait faire tant de sottises, c'est la discipline : le caractère propre à chaque peuple doit seul inspirer les principes d'après lesquels elle sera exercée. Assimiler, sous ce rapport, le soldat français, fin, intelligent, nerveux, à l'épais Bavarois ou au lourd Poméranien est tout aussi absurde que de vouloir lui appliquer les méthodes d'instruction dont le général Dragomirov a besoin pour se faire comprendre du moujick ou du cosaque russe.

En France, nous avons un levier moral très puissant, inconnu dans la plupart des armées étrangères : le sentiment de l'amour-propre ; il est d'un maniement délicat ; sachons nous en servir. A notre soldat il ne faut pas parler uniquement de répression : nous avons sous les drapeaux la nation entière, avec toutes les qualités et aussi toutes les susceptibilités de tempérament de la race ; en matière de discipline, nous en sommes restés aux errements de l'ancien régime. N'est-il pas triste de penser qu'à l'époque où nous vivons, nous réprimons des fautes légères par l'emprisonnement *collectif*, alors que, pour les criminels de droit commun, on s'efforce partout de réaliser la détention isolée, à seule fin d'éviter la contagion par la promiscuité?

Quand donc se rappellera-t-on que discipline vient de *discere*, apprendre, de même, que disciple? (1). Ce terme de discipline suppose donc des maîtres et des élèves, des chefs et des subordonnés, les premiers cherchant avant tout à inculquer aux seconds *une doctrine*, à la leur faire aimer, à en faire *des adeptes*, en un mot, acceptant volontairement la discipline-idée, qu'il ne faut pas confondre avec la discipline-martinet et la propageant autour d'eux. Répression et discipline sont deux choses absolument distinctes. Combien peu

____

(1) St..., *Spectateur militaire*, février 1878.

d'officiers, dans notre armée du service universel, ont cette notion !

Ce ne sont pas là des idées subversives ; personne n'est plus pénétré que nous de la nécessité d'une forte discipline dans l'armée ; personne n'est plus disposé à frapper durement les mauvais sujets. On peut être un chef aux sentiments paternels sans faire pour cela ce qu'on appelle de la « *paternité* ». On peut être celui que le soldat dévoué appelle un « bon garçon » sans mériter ces épithètes de « bon enfant » ou de « brave homme » qui impliquent une idée de faiblesse et de complicité.

Quiconque a longtemps pratiqué le soldat, quiconque l'a sincèrement aimé et en a été aimé davantage, nous comprendra : nos anciennes ordonnances, basées pendant 230 ans, de Coligny à Choiseul, sur la répression, n'ont donné aux officiers qu'une autorité précaire. Malgré la rigueur de la discipline, nos armées ont été, pendant toute cette période, fort indisciplinées. Si donc un pareil arsenal n'était pas bon, même avec le mode de recrutement de ces époques, à plus forte raison ne convient-il pas aux soldats du service universel.

Voilà donc un premier point acquis : la discipline sera plus forte et la répression moins souvent nécessaire. Au point de vue social, les bienfaits de l'éducation nouvelle donnée dans l'armée seront plus grands encore, peut-être : les soldats, soumis à ce régime de cordialité, d'affection mutuelle, de solidarité pour le bien, seront rendus plus réfractaires aux excitations de la haine de classes qu'ils retrouveront dans la vie civile, et contribueront puissamment ainsi à la pacification si désirable des esprits. De leur temps de service ils garderont le souvenir d'une autorité bienveillante, juste et ferme en même temps, et, devenus chefs ou patrons à leur tour, chercheront à en réaliser l'idéal dans la nation, par leur exemple, ou par leur influence. Quant à la foule des soldats redevenus citoyens, elle sera plus réfractaire aux sollicitations intéressées et égoïstes des partis, aux doctrines révolutionnaires et internationalistes, aux prédications malsaines qui agitent notre malheureux pays.

Sous ce rapport nous avons, nous officiers, à remplir un devoir dont beaucoup d'entre nous ne se doutent même pas. Il n'est pas inutile de le rappeler, à notre époque où l'armée se dresse encore debout, mais où elle sent sa base entamée par les théories subversives, tel un phare dont les fondations sont minées par les flots.

D'un côté, ce sont les attaques violentes, les calomnies écœurantes, les articles quotidiens où les chefs les plus dévoués à leurs devoirs et les plus attachés aux réformes utiles et nécessaires sont traînés dans la boue, signalés au mépris et à la haine de leurs subordonnés, où les officiers sont assimilés à des garde-chiourmes et les soldats à des galériens. Mais les publicistes de cet acabit dépassent si manifestement la mesure, leurs diatribes se succèdent avec une si monotone uniformité, qu'elles finiront par lasser et que le jour n'est pas éloigné où elles passeront totalement inaperçues. En tout cas, elles manquent leur but, car si elles créent quelques douzaines d'anarchistes de plus parmi nos futurs conscrits, elles n'ont sûrement converti encore, ni fait manquer à son devoir aucun militaire de profession.

Tout aussi dangereux nous paraissent ceux qui, sous prétexte de glorifier l'armée à tout propos et surtout hors de propos, tendent à introduire dans ses rangs un ferment de haine, à créer petit à petit chez les officiers une mentalité spéciale qui obscurcisse leur jugement et les empêche de discerner *leur devoir*.

Notre devoir, Messieurs, est simple et nous n'avons besoin de personne pour nous l'enseigner : il peut se résumer en trois mots : « pas de politique ». Tout officier qui, par ses paroles ou par son attitude, laisserait supposer qu'il admet ou excuse une règle différente, manquerait gravement à ses obligations professionnelles. Se mettant lui-même en dehors de la légalité, il n'aurait plus qualité pour empêcher le soldat d'avoir, lui aussi, ses opinions politiques et de les manifester à l'occasion. Un pareil régime serait la fin de l'armée et du pays en tant que puissance militaire. En servant fidèlement le gouvernement légal de la France, qui est celui de la République, l'officier ne fait pas de politique, *il fait simplement son devoir*.

Devrait-il être nécessaire de rappeler ces principes qui constituent la sauvegarde de la dignité de l'officier? Écoutez ce que disait, il y a vingt-cinq ans, un de nos camarades de l'ancienne armée : « A toutes ses qualités, l'officier en joindra une « autre, devenue nécessaire à cause de nos institutions : il ne « prendra aucune participation aux luttes politiques, et si, « comme tout homme instruit, il a son opinion en ces matiè- « res, dans le plus grand intérêt du pays et de l'armée il « aimera mieux obéir aux ordres qui lui seront donnés que « de les discuter, sachant qu'il manque le plus souvent des « documents nécessaires pour établir son jugement. Nous n'hé- « sitons pas à dire, d'une manière générale, que celui qui ne « peut se conformer à cette nécessité de son état, nécessité, du « reste, qui est de la plus simple sagesse, *ferait beaucoup* « *mieux d'abandonner le métier des armes* (1). »

---

(1) Compant : « Considérations sur la valeur morale de l'armée », *Spectateur militaire*, 1878.

Nous avons vu les bienfaits que l'on peut attendre, pour le soldat, du régime de l'éducation par l'armée. Pour l'officier lui-même le résultat ne sera pas moins important, en ce que ses nouveaux devoirs introduiront dans sa vie un élément du plus haut, du plus passionnant intérêt.

Celui qui nous eût prédit, il y a vingt-cinq ans, que nous ne ferions pas la guerre à brève échéance, eût été hué et n'eût, en tout cas, rencontré que des incrédules. Dans les promotions de l'époque, beaucoup d'officiers n'osèrent pas demander l'infanterie de marine, dans la crainte de se voir éloignés d'Europe au jour de la grande guerre qu'ils croyaient prochaine. Aujourd'hui il faut, hélas! en prendre son parti : la guerre peut éclater demain, mais il est plus probable que la rivalité entre les nations européennes continuera, pendant de longues années, à s'exercer sur le terrain économique. Les tendances pacifiques des gouvernements et des peuples sont tellement visibles aujourd'hui, qu'il devient impossible de les nier, à moins d'aveuglement complet.

A vous donc, qui entrez dans la carrière avec toutes les généreuses illusions de la jeunesse, nous dirons ceci : mettez toujours, comme tout officier digne de ce nom doit le faire, votre idéal dans la gloire des combats, dans les légitimes revendications de la France par les armes vengeresses des hontes subies ; recherchez avec empressement toutes les occasions de vous affirmer et d'acquérir de l'expérience dans les expéditions coloniales. Mais, en attendant la grande guerre, sachez, si les circonstances vous condamnent à la vie de garnison, échapper à sa monotonie. Mettez un peu d'idéal dans votre besogne journalière par ce puissant élément d'intérêt : l'éducation de vos soldats menée de front avec leur instruction professionnelle. Mettez-y tout votre cœur et tous vos soins, et, de cette expérience que vous allez tenter, vous sortirez, soyez-en certains, grandis à vos propres yeux et fiers des résultats que vous aurez obtenus. Envisager ainsi votre rôle d'officier, ce sera, loin de l'amoindrir, l'élever dans les plus vastes proportions, le faire, comme on l'a dit « presque plus grand dans la paix que dans la guerre (1). » Ce sera, en un mot, proposer à votre activité l'objet le plus digne de l'enflammer.

En même temps que vous vous grandirez à vos propres yeux, il s'établira dans votre propre conscience une plus exacte conception de vos obligations. Vous comprendrez que, pour réussir dans sa tâche d'éducateur, il faut à l'officier une autorité incontestée, un prestige rayonnant qu'il ne peut acquérir que par la dignité impeccable de sa tenue et de sa vie. Tant

----

(1) Le *Rôle social de l'officier*, 1891.

vaut le cachet, tant vaut l'empreinte sur cette cire molle qu'est le jeune soldat. Cela est si vrai qu'on a pu dire : « C'est, dans l'armée, un fait constaté que l'officier garde toute sa vie l'empreinte ineffaçable de ses premiers instructeurs de l'école, et qu'on reconnaît, à travers les grades, les générations formées par tel ou tel (1). » Quelle responsabilité pour vous, Messieurs les instructeurs, mais aussi quel noble sujet d'émulation, quels beaux titres à la reconnaissance de l'armée et du pays, et comme nous comprenons que vous soyez fiers de votre mission !

Le jour où vous, élèves, aurez cette notion de la nécessité d'une vie irréprochable, d'une existence toute d'honneur et de dévouement désintéressé, vous serez à l'abri de bien des entraînements.

Parmi les tentations les plus dangereuses pour le jeune officier à ses débuts, il faut compter la soif des jouissances qui caractérise la société actuelle. A mesure que la ploutocratie s'y développe, sous l'influence d'une longue période de paix et du relâchement des caractères, on constate une tendance de plus en plus marquée à juger les gens d'après ce qu'ils possèdent, ou même d'après ce qu'ils *paraissent* avoir, plutôt que d'après ce qu'ils valent. Ces mœurs pitoyables ont envahi l'armée, et bien des officiers ont déjà trouvé dans le *désir de paraître* la pierre d'achoppement qui les a fait trébucher dès le début de leur carrière. Ils ont voulu faire grand, ils ont cédé aux entraînements de l'exemple égoïste, ont contracté des dettes, se sont trouvés ensuite aux prises avec des difficultés inextricables qui ont empoisonné leur vie, les ont acculés à la démission forcée ou les ont fait sombrer dans la non-activité et dans la réforme (1).

D'autres, s'ils ont réussi à sauvegarder une situation si durement acquise par un labeur de quinze années, n'en ont pas moins perdu rapidement le goût du travail sérieux. Ils en sont arrivés à une indifférence qui a jeté une teinte lugubre sur une vie qu'ils avaient rêvée gaie et ouverte à tous les plaisirs honnêtes. Combien en avons-nous vu, de ces malheureux enfants, victimes de leur manque de caractère, faire un appel désespéré à la solidarité de leurs anciens et de vous tous, Messieurs, leurs camarades de la « Saint-Cyrienne », pour échapper au naufrage de leur avenir ballotté à travers les écueils ! Et pour quelques-uns, auxquels nous avons eu le bonheur de pouvoir tendre à temps une main secourable, combien d'autres ont définitivement succombé ! L'un d'eux,

---

(1) On lira avec intérêt et profit un très beau discours prononcé, sur ce sujet, par le lieutenant-général suédois Otto Staube, à l'Académie des sciences militaires de Stockholm. (*Revue de Cavalerie*, septembre 1900.)

qui avait donné ici les plus brillantes espérances, que son capitaine avait noté comme doué d'un cœur excellent et animé des meilleures intentions, nous a demandé dernièrement une place de *manœuvre*, seul métier, disait-il, que son état de délabrement moral lui permettait désormais de remplir avec conscience. Il recommencera durement, mais honorablement sa vie aux colonies, où nous l'avons envoyé, réconforté et muni du nécessaire.

Ah ! ne regrettez jamais, Messieurs, les fonds que vous versez à votre caisse de mutualité « la Saint-Cyrienne » et si, plus tard, vous êtes tentés de consacrer plutôt à vos plaisirs la cotisation de 10 francs que vous demandera, chaque année, le trésorier de votre régiment, rejetez loin de vous cette pensée égoïste. Les petites privations que quelques-uns d'entre vous seront obligés de s'imposer à cet effet leur sembleront légères s'ils se rappellent le devoir de solidarité au nom duquel la collectivité des camarades les leur demande. Ah ! Messieurs ! Si je n'étais lié par le secret de la confession reçue, quelle salutaire impression ferait sur vos résolutions de demain la lecture d'une quelconque de ces lettres navrantes que décachète à huis-clos et en tout petit comité votre commission de secours. Quelle leçon s'en dégagerait aussi pour les favorisés de la fortune qui pourraient être tentés d'entraîner, par l'exemple d'une vie trop luxueuse, les camarades si nombreux pour lesquels la plus stricte économie est une loi de première nécessité !

Redevenons simples, comme nous l'étions autrefois dans l'armée, à l'époque où, grâce à la bonne et saine camaraderie, les corps d'officiers vivaient dans une si douce intimité, à cette époque où les jeunes étaient pénétrés de respect pour leurs anciens, vieux lieutenants sur la poitrine desquels brillait parfois la croix de la Légion d'honneur, hommes d'honneur eux-mêmes qui, à défaut de l'élégance de nos temps, représentaient si dignement le vieil esprit militaire du commencement du siècle dernier. Ils aimaient l'armée avec passion ; ils n'aimaient qu'elle et cet amour profond et désintéressé leur faisait accepter gaîment toutes les privations. La pauvreté, loin de leur peser, leur semblait chose naturelle, parce qu'ils n'avaient pas de besoins. Oui, laissez-moi saluer ici cette race d'hommes nobles et fiers, aujourd'hui disparue, mais qui a laissé derrière elle des souvenirs qui ne s'effaceront pas de la mémoire de ceux qui, à leur début dans la carrière, ont eu le bonheur d'être formés à leur école !

Il y a longtemps que la déchéance progressive des caractères, la corruption de l'esprit militaire par l'argent et la soif des jouissances à laquelle on ne sait plus résister, préoccupe tous ceux qui aiment la patrie avec passion et qui ont foi dans ses destinées. « Puisse le souvenir de nos malheurs, écrivait

« jadis un de nos généraux (1), arrêter la contagion de l'égoïs-
« me et de l'amour du bien-être ; nous rendre des caractères
« virils, fermes dans le devoir, préparés aux sacrifices ; re-
« mettre l'honneur à sa vraie place, non dans l'éclat et la ri-
« chesse, mais dans la conscience et le cœur, et, en nous fai-
« sant passer tous sous l'habit militaire, nous apprendre aussi
« à l'honorer dans ceux qui le portent et à défendre sa rude
« simplicité contre les railleries des inutiles et des élégants. »

Depuis que ces lignes ont été écrites, les « inutiles » et les
« élégants » ont été appelés comme les autres à passer par le
régiment. Nous sommes dès lors, nous officiers, devenus responsables de leur mentalité, et si, pendant leur séjour sous
les drapeaux, nous n'avons pas su en faire des hommes utiles
et des esprits rebelles aux frivolités, nous n'avons qu'à nous
en prendre à nous-mêmes. Les retrouvons-nous dans la vie
civile peu disposés à honorer l'habit militaire dans ceux qui
le portent, c'est qu'ils n'ont pas reçu de nos mains l'empreinte
de l'armée *éducatrice*, c'est que nous avons négligé vis-à-vis
d'eux notre rôle social ; pour tout dire, nous n'avons pas fait
notre devoir.

Le désir de paraître n'est pas le seul reproche qu'on fasse,
dans l'armée, aux dernières générations d'officiers prises dans
leur ensemble. On trouve le plus grand nombre d'entre eux
trop personnels, trop préoccupés du culte de leur « moi », trop
absorbés surtout par la réalisation du programme égoïste qu'ils
se sont tracé dès leur sortie de l'École, à un âge où leurs anciens entraient joyeusement dans la carrière, le cœur ouvert
à toutes les pensées généreuses et ne nourrissant d'autre ambition que celle de satisfaire leurs chefs.

« Savez-vous, nous disait ces temps derniers un colonel qui
nous honore de son amitié, savez-vous quel est l'état d'esprit
des jeunes officiers que nous recevons depuis quelques années ?
Regardez-les faire. Ils débarquent avec leurs parents, — si
toutefois, ils n'ont pu obtenir la garnison familiale, — et se
mettent à la recherche d'une petite maison entre cour et jardin, car le traditionnel garni de leurs anciens semble trop
vieux jeu, trop démocratique, et pas assez en rapport avec
l'importance qu'ils attribuent à leur personnalité. Puis ils
s'encombrent d'un mobilier, — modern styl, s. v. p., — de
sorte que le jour où ils apprennent par la voie du rapport
qu'ils ont six mois à passer au fort de......, les voilà aux cent
coups. On se met en campagne pour tâcher de sous-louer la
bonbonnière : marchands de meubles désormais, ceux qui
n'ont pas daigné se loger avec les meubles du marchand. Puis
commencent les travaux d'approche, car, à peu d'exceptions

---

(1) Général Blondel, 1875.

près, le programme comporte le siège d'une riche héritière de la localité. Si cela ne réussit pas de suite, si les nuits employées à valser ou à jouer la comédie sont improductives, on se décide à rassembler dans sa main de meilleurs atouts et on annonce qu'on prépare les examens de l'Ecole supérieure de guerre. On les prépare ou on ne les prépare pas, peu importe : l'annonce suffit ; on devient par le fait « tabou » et la troupe ne compte plus. Si on a affaire à un capitaine qui n'entende pas de cette oreille — nous en avons encore, heureusement, qui sont durs de ce côté-là — on cherche à s'embusquer n'importe où, au besoin dans les bureaux du trésorier...... tout plutôt que l'exercice ; le service de troupe devient un pis-aller qu'on n'accepte qu'en rechignant. »

Je ne me permettrai pas d'ajouter une appréciation quelconque à ce portrait tracé par un chef de corps. Mais, ce que je puis vous affirmer, c'est que l'an dernier, l'un de vos anciens, officier fort distingué, et qui fera sûrement son chemin, est venu me trouver le jour du départ et m'a posé la question suivante, qui m'a plongé dans un profond étonnement : « Mon commandant, quel genre d'ouvrages me conseillez-vous pour ma préparation à l'Ecole de guerre? » — Voulez-vous tout d'abord me promettre, lui répondis-je, de suivre, point par point, le programme que je vais vous tracer? — Oh! bien certainement! — Eh bien, vous allez, pendant deux ans au moins, fermer tous vos cours que vous avez si consciencieusement étudiés ici; vous ne les ouvrirez que pour y chercher un renseignement indispensable et vous me ferez le plaisir de vous adonner exclusivement à l'instruction de vos recrues. Vous y réussirez, j'en suis sûr, à merveille et y trouverez un intérêt extrême. Mais de grâce, attendez, pour vous donner comme candidat à l'Ecole supérieure de guerre, que vos chefs vous aient découvert quelque aptitude au service d'état-major. Pour le moment vous avez bien autre chose à apprendre. »

Vous voilà prévenus, Messieurs! ne venez pas m'interviewer à votre départ.

Un fait certain, c'est qu'on est assez mécontent, dans l'armée, de l'état d'esprit des jeunes officiers : on leur trouve trop de prétentions et pas assez de zèle, plus préoccupés de leur propre carrière que de l'accomplissement de leurs devoirs professionnels. Il vous appartient, pour l'honneur de cette Ecole, de dissiper une aussi mauvaise impression et de mériter l'estime de vos chefs, ce qui était jadis notre seule ambition. Maintenant que vous voilà mis en garde, vous seriez très coupables si vous imitiez de fâcheux précédents. Je vous le dis avec la rude franchise que vous êtes en droit d'attendre d'un officier supérieur.

Une autre pierre d'achoppement pour le jeune sous-lieutenant, c'est le mariage prématuré. En dehors des inconvénients que nous vous avons déjà signalés, il en est d'autres qui méritent d'être soumis à vos méditations. De même qu'il est regrettable que les campagnes se dépeuplent au profit des villes, il est fâcheux aussi que les casinos d'officiers se vident pour remplir les salons. L'esprit de corps n'a rien à gagner à cet exode, et s'il existe, dans un certain milieu, une tendance marquée à assimiler les officiers à des fonctionnaires quelconques, il convient d'avouer que nous faisons tout ce qu'il faut pour justifier cette manière de voir.

D'autre part l'officier qui se marie très jeune en arrive fatalement à substituer à sa personnalité propre, qui doit rester modeste et subordonnée, celle de sa femme, laquelle ne saurait être soumise aux mêmes nécessités hiérarchiques. Pour peu qu'il ait trouvé dans le mariage la fortune et les relations brillantes, il se trouve exposé malgré lui à attendre de la part de ses camarades, et peut-être même de ses supérieurs, une considération qui ne lui est pas due et ne saurait lui être accordée, à confondre sa personnalité militaire avec sa situation mondaine, à s'appuyer sur celle-ci pour essayer de donner à celle-là un relief qu'elle ne doit pas avoir. Si, au contraire, l'officier s'engage dans une union modeste au point de vue de la fortune, il s'expose, avec le renchérissement continuel de la vie, à consommer son patrimoine, à se trouver par suite dans une situation difficile, et à voir ses qualités militaires paralysées par des soucis matériels de toutes sortes. Contentez-vous de la pauvreté, ne vous mettez pas vous-mêmes dans la misère.

Mais nous voici loin de notre sujet : les conséquences de l'adaptation de l'esprit militaire aux aspirations démocratiques de la société contemporaine.

Assurément, ce n'est pas en quelques mois que les résultats apparaîtront manifestes et indéniables. Des années seront nécessaires pour que l'armée arrive à exercer sur la nation cette influence bienfaisante dont nous avons longuement analysé les caractères; pour qu'elle devienne une grande école d'hygiène morale et physique en même temps que d'honneur, de vaillance, de discipline, de patriotisme; pour qu'elle rende au pays ses enfants meilleurs qu'elle ne les a reçus; pour que, par elle et en elle, la fusion s'opère entre les éléments sociaux aujourd'hui divisés; pour que, par l'armée, soit détruit le désordre moral, intellectuel et matériel qui sème tant de maux sur notre société; pour que l'armée donne enfin aux masses l'esprit d'association, d'ordre et de hiérarchie qui leur manque et sans lequel on ne peut arriver à la satisfaction des intérêts généraux et individuels, au bonheur de tous.

C'est par l'armée seule, nous en sommes profondément convaincu, c'est par l'effort juxtaposé de ses 20.000 officiers transformés en autant d'éducateurs volontaires, que pourront s'opérer ces réformes que tous les hommes d'intelligence et de probité réclament. A vous, Messieurs, l'honneur de commencer l'évolution qui n'a jusqu'ici été qu'ébauchée par quelques officiers dont les efforts isolés n'ont pu, naturellement se traduire par des résultats tangibles. En faisant commencer cet enseignement par vous, M. le Ministre de la guerre a pensé sans doute qu'il trouverait dans les jeunes officiers au cœur chaud, à l'âme enthousiaste et que nul scepticisme n'a encore effleurés de son souffle délétère, des collaborateurs dévoués pour la *grande œuvre de régénération sociale* à laquelle il nous convie. A vous, Messieurs, de vous montrer dignes de cette marque de confiance qui vous honore et de débuter dans ce beau *rôle d'éducateur que la patrie assigne à l'officier de notre armée républicaine.*

Saint-Cyr, juillet 1901.

———

Paris et Limoges. — Imprimerie militaire Henri CHARLES-LAVAUZELLE.

Paris et Limoges. — Imprimerie militaire Henri CHARLES-LAVAUZELLE.

www.ingramcontent.com/pod-product-compliance
Lightning Source LLC
Chambersburg PA
CBHW061419060726
47597CB00003B/1097